초등공부
독서·토론·글쓰기가
전부다

# 초등 공부 독서·토론·글쓰기가 전부다

**초판 1쇄 인쇄** ⏐ 2022년 12월 20일
**초판 1쇄 발행** ⏐ 2022년 12월 29일

**지은이** ⏐ 김하영 **펴낸이** ⏐ 박찬근 **펴낸곳** ⏐ (주)다연
**주소** ⏐ 경기도 고양시 덕양구 삼원로 73 한일윈스타 1422호
**전화** ⏐ 031-811-6789 **팩스** ⏐ 0504-251-7259 **이메일** ⏐ dayeonbook@naver.com
**본문** ⏐ 미토스 **표지** ⏐ ⓜ

**ISBN** 979-11-92556 -06-2 (03370)

# 초등 공부
## 독서·토론·글쓰기가 전부다

김하영 지음

㈜ 다연
DAYEONBOOK

## Prologue
## 왜 우리는 주입식의 교육을 하죠?

'지락(至樂)은 막여독서(莫如讀書)요, 지요(至要)는 막여교자(莫如教子)다.'

이는 《명심보감》에 나오는 말로, '지극한 즐거움은 독서만 한 게 없고, 지극히 중요한 것은 자식을 가르치는 일만 한 게 없다'는 뜻이다. 이 한 문장은 엄마가 된 후에 가슴으로 스며들어와 나의 교육철학이 되었다.

가장 큰 임무는 자식교육이고,
가장 중요한 교육은 즐거움을 느끼며 하는 독서다!

이러한 신념은 현실교육에 휘둘리려 할 때마다 마음을 단단히 잡아주었다. 엄마가 된 순간부터 가장 중요한 일은 아이를 잘 키우는 일이었다. 따라서 삶의 질문은 '어떻게 하면 성공할까?'에서 '어떻게 하면 아이가 잘 크도록 도울 수 있을까?'로 바뀌었다. 엄마로서 처음 해보는 자식교육이라는 임무는 가혹한 부담으로 다가왔지만, 엄마가 된 이상 회피할 수도, 포기할 수도 없었다. 가장 중요한 자식교육을 위탁만 할 수도 없는 노릇이었다. 결코 피해 갈 수 없는 이 자식교육을 어떻게 잘할 것인가?

인간은 생명체 중 유일하게 고도의 교육으로 성장한다. 그런데 이 교육이라는 것은 인공지능 업그레이드하듯 지식을 채우기만 하는 게 아니다. 지식을 머릿속에 아무리 많이 저장한들 그걸 꺼내서 성장 동력으로 쓰지 못한다면 무의미하다. 교육이란 널리 인간을 이롭게 하는 이치를 깨닫게 하고 자기로부터의 사랑이 지구시민으로 퍼져가도록 자신의 삶을 경영하게 하는 일이다.

대한민국이 눈부신 경제 성장으로 세계 각국의 주목을 받을 때, 그럼에도 일본은 '한국은 두렵지 않다. 책을 읽지 않는 국가이기 때문이다'라고 평했다 한다. 이러한 일본의 평가는 충격적이지만, 실상 인정할 수밖에 없다. 나도 엄마가 된 후에야 비로소 본격적인 독서를 시작했는데, 책을 읽으면서 영혼의 빈곤이 경제와 의식의 빈곤으로 이어진다는 걸 깨달았으니까. 나는 이런 질문을 하지 않을 수 없었다.

'왜 우리 교육은 독서, 토론, 글쓰기를 하지 않을까?'

'중점교육 과정에는 편성되어 있지만, 실상 교육 현장엔 없는 독서, 토론, 글쓰기의 교육 활동을 어떻게 살려놓을 것인가?'

이에 대한 답은 엉뚱하게도 '나의 자녀교육은 독서, 토론, 글쓰기'

였다. 자녀교육에서만큼은 교육제도를 탓하지 말고 내가 가정교육으로 하면 되는 일이다. 교육자라서가 아니라 엄마라서 함께 성장한다는 마음으로 하면 되는 일이다. 엄마가 유대인이 아니라서, 엄마가 위대한 사람이 아니라서, 엄마가 독서·토론·글쓰기 지도사가 아니라서 어떻게 시작해야 할지 그리고 어떤 방법으로 해야 할지 난감했다. 그 와중에 감사한 것은 엄마도 초등학교 1학년 수준에서 함께 시작할 수 있었다는 점이다.

독서를 '자기 머리로 생각하고 가슴으로 읽기'로 정의하고 고전, 인문, 예술 등 다양한 분야의 책과 신문 읽기를 했다. 토론은 자기 말하기에서 지적 대화로, 일상 토론으로 확장해갔다. 글쓰기는 자기 글쓰기를 중점으로 하여 잠재되어 있는 자신의 말을 하고 싶은 인간 본성을 무한히 열어놓았다. 다행히 나는 교육자라서 교육의 본질밖에 있는 그럴싸하고 화려한 형식교육에 눈을 돌리지 않을 수 있었다. 기술과 방법에 매몰된 교육으로는 인간의 성장과 변화 목적을 달성할 수 없기에 본질교육이 단단한 지반이 되어주어야 한다는 사실을 알고 있었으니까.

초등기 6년간 독서, 토론, 글쓰기의 교육을 하면서 특별히 힘든 점은 없었지만, 딱 하나 집요하게 시달려야 했던 것이 있다. 바로 불안이었다. 대한민국 현실에 걸맞지 않은 교육 방식에 대한 불신의 시선과 그에 따른 자기 불안 말이다. '영어, 수학을 선행하지 않고 학원을 보내지 않으면 영포자, 수포자 되는 거 아냐?' 하는 불안이 문득문득 엄습했다. 많은 사람이 학원을 보내라는 조언을 아끼지 않을 때, 심지어 담임 선생님마저 학원교육을 권고할 때, '과연 나는 부모로서 잘하고 있는 것일까? 이거 잘못 가는 거 아냐?' 하는 은근한 두려움에 빠지기도 했다. 엄마로서 함께하지 않았더라면 독서, 토론, 글쓰기의 힘을 알지 못해 포기했을 수 있겠다 싶다. 서툴지만 함께한 덕분에 내면이 치유되고 영혼이 풍요로워지며 의식이 건강하게 가꾸어지고 있음을 알았다.

아는 것이 힘이다.

베이컨의 이 말처럼 정말 아는 게 힘이었다. 직접 독서, 토론, 글쓰기를 하면서 그 힘을 아니까 믿고 밀고 나아갈 수 있었다. 내면의 상처를 아이에게 덮어씌우지 않고 자기 치유를 하며 단단해질 수 있었다. 전문가들에게 위탁했다면 주도적으로 자기 삶을 경영해 나아가는 지금의 아이는 없었으리라 확신한다.

6학년이 되니까 그동안 매일 독서, 토론, 글쓰기를 통해 응축되어 있던 내면의 힘과 지혜가 실생활에서 나타나기 시작했다. 여느 집안과 교육이 달랐던 딸아이가 어느 날 이런 질문을 했다.

"왜 우리나라는 독서를 중요하게 여기지 않아요? 왜 우리나라는 주입식 교육을 해요?"

자기 질문에 대한 답을 스스로 찾아야 할 것이고 시간이 필요할 것이었다. 책 읽는 엄마로서 《화씨 451》과 조정래 작가의 대하소설 《태백산맥》, 《아리랑》을 권했다. 책을 읽으면 자기 질문이 생기고, 스스로 답을 구하고, 자기 길을 만들어가는 힘이 커진다는 것을 체득했기 때문이다.

청소년기까지의 교육 기간 12년 중 중요하지 않은 시기는 없지만 초등기 6년은 건강한 정체성과 건강한 의식 확립을 위해 자기 자신과 인간을 관조해야 하는 중요한 시기다. 쉽게 말하면 공부를 왜 해야 하는지 그 필요성을 스스로 아는 시기다. 아무도 자기 삶을 대신 살아줄 수 없으며 자기 삶의 주인은 자기라는 것을 아는 시기다. 공부의 필요성과 공부의 개념, 가치를 스스로 아는 데 초등기 6년을 보낸 아이와 그저 교과목 공부에 집중한 아이의 이후 삶은 천지 차이다.

'자기 자신과 인간을 어떻게 관조하게 할 것인가?'에 수많은 철학자, 교육자, 인문학자가 내놓은 수단은 독서·토론·글쓰기다.

이 책은 교육자 엄마가 왜 독서·토론·글쓰기 교육에 집중했는지, 그리고 초보 엄마가 아이의 초등기 6년 동안 어떻게 가정교육을 했는지에 관한 내용을 담고 있다. 무엇보다 '왜 우리나라는 주입식 교육을 해요?'라는 아이의 질문에 대한 엄마의 답이 담겨 있다.

한마디로 이 책은 과학적, 교육적 근거에 기반하여 초등기 6년 동안 나와 아이가 실천한 것들의 총체이다. 실천한 방법들은 위인들의 생각과 학자들이 밝혀낸 결과물 중 최선이라 판단한 것들에 바탕을 둔 것이다. 자녀교육에서 절대적으로 올바른 방법 단 한 가지란 없다. 독서, 토론, 글쓰기는 인간을 스스로 변화시키고 키워나가는 보편적인 방법이라는 판단에서 나와 아이의 삶에 들여놓았다.

독서, 토론, 글쓰기를 좋은 대학 진학을 위한 수단으로만 생각한다면 이 책을 덮어야 한다. '어떻게 잘 살 것인가?'에 관한 인생 공부와 더불어 자기주도학습 능력을 키우는 게 목적이라면 끝까지 읽어도 좋다. 엄마와 아이가 함께 성장해온 6년의 기록이라 다소 부끄럽기도 하지만, 그럼에도 대한민국의 모든 자녀가 행복한 주인으로서 자기 삶을 살길 간절히 바라는 엄마의 마음으로 이 책을 집필했다. 참고로 이 책에서 이후 독서, 토론, 글쓰기를 아울러서 말할 때 '독토글'로 명사화하여 표현했음을 밝혀둔다.

김하영

## CONTENTS

## Chapter 3
# 일상이 토론이다

## Chapter 4
# 자기 자신을 키우는 글쓰기

# Chapter 1

★

# 초등기 6년,
# 독토글이 최선의 공부다

# 사근력은 자립의 뿌리다

첫째 아이가 초등학교에 입학하자면 엄마 마음은 복잡해진다. 기쁘고, 설레고, 조급하고, 걱정되고, 염려되고, 대견하고…… . 이런 갖가지 감정으로 고요했던 마음이 어수선해지고 얼떨떨해진다. 엄마들에게 초등학교 입학은 공부 입문으로 해석되기 때문이다. 자녀가 초등학교에 들어갈 때 '이제 공부 전쟁터로 가는구나' 하는 생각에 무엇을 준비해야 할지, 어떻게 도와야 할지 고민스러워진다. 사람에게 배움이란 피할 수 없는 평생 과업이다. 연령마다, 개인마다 배움의 종류와 방식이 다를 뿐이다. 초등학교 6년과 중학교 3년 그리고 고등학교 3년, 총 12년의 배움은 보편적으로 교과 공부가 중심 과업이지만 평생교육의 과정을 이제 막 입문한 자녀에게 학습의 장은 공부 전쟁터가 아니라 즐거운 배움터가 되도록 도와야 한다.

유치원 때까지는 노는 것도 공부라 여기며 여유를 부렸는데, 초등학교 때부터는 양상이 달라진다. 교과 공부라는 피해 갈 수 없는 과업을 스스로 해갈 수 있도록 엄마 또한 공부가 필요해진 것이다.

초등학교 저학년 때는 예체능과 수학 연산 및 영어 파닉스 위주로 학원을 가고, 고학년 때는 영어와 수학 위주로 학원을 가는 것으로 코스를 정해놓는다. 그런데 나는 이런 코스로 아이를 보낸다면 공부 전쟁이라는 늪 속에서 자존감에 크나큰 상처만 주게 될 것 같았다. 나는 그래서 그 길을 외면했다.

그 덕분일까. 6학년이 된 아이가 어느 날 말했다.

"엄마가 학원을 보냈으면 공부에 지쳐서 중학생 때 공부를 포기할 것 같아요."

사실, 아이는 초등학교를 다니는 동안 친구들의 고달픈 학원생활을 지켜보면서 "학원 다니라고 하지 않아서 엄마가 참 좋아요"라는 말을 자주 했다.

나는 산골에서 자연과 하나 되어 초등학교 6년간 책 한 권 읽지 않고 신나게 놀았다. 교과서조차 읽은 기억이 없다. 부모님께 한 번도 공부하라는 말을 들어본 기억이 없다. 공부가 무엇인지도 모르고 6년을 보낸 행운아라고 해야 할까, 불운아라고 해야 할까? 공부하지 않았던 면에서는 행운아다. 마흔이 넘어서도 무엇이든 즐겁게 배우며 행복한 일상을 만끽하는 것은 신나게 놀았던 그 시기 덕분이라고 믿는다. 반면, 책을 읽지 못했던 면에서는 불운아다. 책을 읽지 않았던 시간이 길었던 만큼 주도적인 삶을 사는 데 너무 오랜 시간을 돌아왔기 때문이다.

나는 아이를 이렇게 돕기로 했다.

'초등학교 시기 6년은 공부의 필요성을 알게 하고, 자기주도학습

능력을 키워 공부의 기반을 다지도록 이끈다. 이후 상급 학교 시기 6년은 스스로 공부에 몰입할 수 있도록 유도한다.'

사람들은 나의 이런 계획을 두고 대한민국 교육 현실과 동떨어진 것이라고 했다. 하지만 나에게 중요한 건 지금의 교육 현실에 아이를 맞추는 것이 아닌, 배움을 즐기는 아이로 이끄는 거였다. 교육의 최종 목적은 자립이다. 교과 공부는 교육의 일부이지, 전부가 아니다. 홍익인간으로 살려면 지식도 쌓아야 하지만, 설명할 길 없는 아픔에 공감할 줄 아는 '측은지심(惻隱之心)'의 능력은 물론 자기 머리로 생각하는 '시비지심(是非之心)'의 능력도 키워야 한다. '사(思)근력'이란 바로 여기에서 시작된 교육이다.

사근력이란 생각과 마음의 근력이다. e-한자사전에 '思(생각 사)'는 '田(전 뇌)와 心(심 마음)의 합자(合字)'로 정의되어 있다. 소전에서는 '恖(생각할 사)'는 '心과 囟(정수리 신)'의 합자로, '囟' 자는 사람의 '정수리'를 그린 것이고, '恖' 자는 '머리(囟)'와 '마음(心)'으로 생각한다는 의미에서 깊게 생각한다는 뜻으로 만들어졌다고 말한다.

초등기 6년은 생각과 마음을 합한 사근력을 키우는 중요한 시기다. 사근력을 키워놓으면 스스로 공부의 필요성을 알고 공부한다. 자기 삶을 어떻게 살아야 할지를 스스로 생각하며 주인으로서 살아간다.

실제로 내 아이는 초등학교 5학년 때까지 자기 삶에 관객인 듯하더니 초등학교 6학년이 되어서는 '인생이란 무엇인가?', '대학은 가야 하는가?', '어떤 분야의 일을 해야 행복할까?', '어떻게 살아야 할까?', '나태한 삶을 사는 건 아닐까?' 등으로 자기 삶에 질문을 던지고 답을 찾는 진지한 주인이 되었다. 사근력을 키우니 인생, 부, 행복, 공부, 진로, 삶의 의미와 가치에 관하여 대화를 요청하는 빈도가 잦아졌다.

아이의 사근력이 자라면 엄마의 잔소리가 줄고 엄마의 의견 피력이 늘어난다. 엄마 역할이 바뀐다. 그 의견이 아이 인생에 등대 같은 은은한 불빛이 될 수 있도록 엄마 또한 사근력을 부지런히 키우게 된다. 하버드대학교 입학 면접시험이 가정에서 아버지와 한 대화보다 더 쉬웠다는 유대인들의 수준까지는 아니더라도, 엄마랑 대화 수준이 안 맞아서 대화를 못하겠다며 방문을 걸어 잠그지 않도록 사근력을 키워야 하는 초등학교 시기다.

사근력을 키우면 엄마가 하라고 해서 하는 공부가 아니라 필요하기에 주도적으로 하는 공부를 한다. 예컨대 내 아이는 무슨 일을 하더라도 사람의 심리를 알아두면 도움 될 것 같다며 심리 관련 책을 찾아 읽는다. 공부와 뇌의 관계가 궁금하다며 관련 만화책을 찾아 읽는다.

주인으로서 자기 삶을 산다는 것은 주도적으로 생각하고 선택하고 결정하고 책임진다는 말이다. 마흔의 엄마도 이제야 자기 삶의 주인으로 사는 법을 배워가며 자립하는 중인데, 사춘기 소녀는 이미 자기 삶은 자기 것이라고 생각하기 시작했다. 이것이 바로 사근력의 힘이다.

부모 역할을 잘하려면 자녀만 키우려 하지 말고 부모 자신도 함께 커가려는 마음 자세로 공부해야 한다. 자녀의 자립을 위해서는 부모 먼저 진정한 자립을 이뤄야 하기 때문이다.

나는 사근력을 키우는 독토글 중 가장 경제적이고 가장 효과적이고 가장 쉬운 것, 바로 독서부터 시작했다. 아이가 학교 간 사이 도서관에 가서 책을 읽었다. 집에 있으면 집안일에 얽매이기 때문에 독서 공간으로 도서관을 선택한 면도 있다. 아이가 초등학교 저학년일 때까지는 자녀교육서 등 주로 교육 관련 책을 읽었다. 그렇게 한두 해 자녀교육서를 읽으니 더 이상 볼 책이 없었다. 생각보다 읽을 만한 교육서가 많지 않았다. 영재와 천재로 키우는 독서법이나 공부법 등 관련 책들은 내 아이의 환경과 성향에 맞지 않았다. 문득 궁금증이 올라왔다.

'그 많던 독서 영재는 다 어디로 갔을까?'

'자녀 모두 명문대를 보낸 부모들의 교육법과 나의 교육법은 무엇이 다른가?'

이런 물음에 답을 찾다 보니 부모가 다르다는 보편적 진리를 발견했고 어느 순간 이른바 명문대 교육법에 흔들리지 않게 되었다. 부모와 자녀의 환경을 고려하지 않은 채 명문대 교육법, 영재 교육법을 무작정 따라가자면 자녀는 안 보이고 조급함만 커진다는 것을 깨달았다. 자녀 교육에서 가장 중요한 것은 '내 아이'이지, 좋다는 그 어떤 교육 방법이 아니다. 사람은 기술과 방법으로 크는 게 아니다.

자녀를 잘 키우고 싶다면, 자녀가 행복하게 잘 살기를 바란다면 부모 먼저 행복해지리는 마음가짐으로 잘 살아야 한다. 이런 마음을 갖고 최소한 자녀가 학교 간 시간만큼이라도 읽기를 해야 한다.

꼭 자녀교육서가 아니어도 좋다. 꼭 책이 아니어도 좋다. 읽고 싶은 그 어떤 형식의 글이라도 상관없다. 읽기는 돌고 돌아 인문학적 삶의 중심에 서게 해준다. 분명 독서는 은밀히 사근력을 키워 확연히 자립시킨다.

## 공부 머리보다 자존감이 먼저다

《법륜스님의 금강경 강의》에는 이런 말이 나온다.

'모든 상에는 고정된 실체가 없으므로 상에 대한 집착을 버릴 때 비로소 세상의 참모습을 보고 자유로운 삶을 살아갈 수 있습니다. 상을 여의는 것이 자유를 활짝 열어주는 불법의 길입니다.'

상이 있으면 스스로 억압된 삶을 살게 되고, 상이 없으면 자유로운 삶을 살게 된다. 빨간색 렌즈를 끼고 보는 세상은 빨갛게 보이고, 파란색 렌즈를 끼고 보는 세상은 파랗게 보인다는 말과 같다. 상이 없으면 고정된 게 없으니 '상'에 대한 집착을 버리는 것이 자유로운 삶이라 했다. 부모 삶에서 자녀교육에 대한 상을 없애라는 건 부처가 되라는 것과 같다. 부처와 같은 마음으로 자식을 키우면 자유로운 삶을 산다지만 부모는 자녀가 인간성을 갖추고 살아가도록 가르쳐야 할 권리와 의무가 있다. 부모에게 상은 권리와 의무이다. 권리와 의무는 마땅히 해야 할 규칙과 질서를 만들어낸다. 초등기까지 자녀들에게 부모의 상은 갑의 권력인 동시에 자율성을 상실케 하며 자율성 상실은 자존감을 상실케 한다.

부모로서 자녀를 보호하려는 의무가 '상'에 따라 존중이 되기도 하고 갑질이 되기도 한다. 흔히 발생하는 일례로, 자녀들의 문제에 부모가 적극적으로 개입한다. 개입의 정도를 넘어 부모들의 문제로 착각하는 경우도 있다. 자기 자녀를 보호하려다 보니 내 자식 귀한 줄만 알지, 남의 자식 응징에 앞장서기도 한다. 아이들을 향한 부모의 현명하지 못한 개입은 갑질이다. 든든한 지원자인 부모의 보호 안에서 자기 문제를 해결해가기를 원하지, 권력의 갑질 뒤에 숨어 문제를 회피하는 자녀를 원하지 않는다. 인간에게 자율과 존중은 인간애의 표현이며 자존감의 원천이다. 초등학교 저학년까지는 자율성에 옳고 그름의 잣대를 대지 말고 경험으로 배우는 교육의 장으로 만들어주면 좋겠다.

얼마 전 초등학교 1학년 엄마가 상담을 요청해 왔다. 아이가 산만하다는 담임 선생님의 전화를 받고는 부부가 심각해졌고, 아이를 단단히 가르쳐야 할 것 같은데 어떻게 해야 할지 방법을 알려달라는 거였다.

부모교육 강사이기 전에 엄마로서 항상 목격하는 문제들이다. 담임 선생님과 주변 엄마들의 주의를 당부하는 말을 들으면 거의 '멘붕' 상태에 이르기 십상이다. 자녀가 잘한다는 말을 들을 때 세상을 다 가진 듯 행복하지만, 그 반대의 경우라면 세상 지옥이 따로 없다. 극도의 혼란 상태가 되고, 합리적 이성보다는 반이성적 감정에 휘둘리게 마련이다. 다짜고짜 아이를 족치다시피 하거나 그 반대의 경우라면 해당 아이의 엄마를 향해 감정적으로 폭주하다시피 한다. 부모의 감정 폭주는 사랑스럽고 귀한 자녀의 자존감에 상처를 내며 권력의 갑질 모델링이 될 가능성이 크다.

자녀 문제가 생겼을 때 나는 내 아이를 우선으로 놓고 시작하려 노력한다. 문제를 확인하고 혼란스러워하는 것도 늦지 않으니, 학교생활과 친구들과의 관계가 어떤지 아이에게 우선 물어본다. 아이들이 하는 모든 행위에는 다 이유가 있다. 이유 있는 자녀의 마음을 살펴주는 게 존중이다. 사실, 어른들의 문제도 큰일인 것은 별로 없다. 그저 크게 해석하면서 문제가 커지는 경우가 다반사다. 하물며 어린 자녀들의 문제가 크면 얼마나 크겠는가. 부모들의 '상'이 있고, 그에 따라 크게 해석할 뿐이다.

아이의 마음에 접속하면 아이들의 마음이 보인다. 부모로서 아이의 마음을 존중해주고 '엄마에게 네가 가장 소중하듯 친구도 그들의 부모에게 가장 소중한 존재'라는 메시지를 담아 해결 방법을 아이와 논의한다. 학교생활 또한 학교에서 담임 선생님께 혼났을 테니 엄마가 다시 혼내지 않는다. 다만 학교생활은 가정생활보다 좀 더 공동생활을 하는 장소이기에 지켜야 할 것들에 관하여 대화한다. 대화는 친구 문제와 학교생활 문제의 자율성을 침범하지 않으면서도 권력자인 부모의 가르침에 주눅 들지 않고 자기 문제를 생각할 여지를 준다. 부모가 자녀 문제에 개입해 사사건건 가르치고 해결하려 한다면 정작 자녀들은 자기 문제에 대한 주인의식이 없어진다. 부모가 모든 것을 다 해결해주면 자기 삶을 스스로 관장하는 힘을 기르기란 어렵다. 스스로 살아가려는 의지도 요원해진다. 있는 그대로 자기 자신의 존재를 감사해하며 존중하는 자존감은 자기 삶을 관장하는 힘인데, 그길 방해하는 꼴이 되는 것이다.

부모교육 전문 강사로 활동하다 보니 자녀교육 상담을 많이 하게 된다. 부모들의 걱정은 자녀들이 흔히 겪을 만한 문제들인데, 대개는 스스로 해결할 수 있는 것들이다. 실상, 자녀와 대화하지 않은 채 자기 '상'에 갇혀 큰 문제로 확대하여 걱정하는 부모 자신의 문제인 경우가 많다.

이 어렵고 미묘한 인간에 대한 존엄 문제를 초등학생 자녀에게 어떤 식으로 다뤄줘야 할까? 개입해서 해결하려 하지 말고, 가르치려 하지 말고, 자녀의 생각과 마음을 스스로 성장시켜 나아가도록 존중의 대화를 하면 된다. 특별한 자녀 사랑으로 말미암아 갖는 부모의 '상'에 대한 집착에서 어떻게 벗어날 수 있을까? 유용한 방법이 바로 독서다. 독서는 자기 '상' 집착의 자물쇠를 여는 열쇠다.

공부 태도, 공부 습관만큼 중요한 것은 사람을 대하는 태도, 자기 문제를 해결하는 습관이다. 이를 가능케 하는 것 또한 존중의 대화이다. 요컨대 존중의 대화로부터 자존감을 키우고 지키는 아이는 공부 태도 또한 좋다.

　자존감은 정서적인 면과 인지적인 면에 영향을 미치지만, 공부는 인지적인 면에만 영향을 미친다. 지금의 교육 현실은 자녀의 정석적인 면보다 인지적인 면에 치중하고 있다는 것을 인정하지 않을 수 없다. 초등학교 시기에 자존감교육에 집중하면 정서와 공부 두 마리 토끼를 다 잡을 수 있다. 하지만 공부에만 집착하면 둘 다 놓칠 수 있다는 점을 분명히 알아야 한다.

　내 경우, 유아교육을 전공했으니 자존감 관련 정보와 이론은 충분했지만 정작 나의 자존감이 낮아서 자녀 문제를 내 문제로 착각하며 힘들어할 때가 많았다.

　내 아이가 귀하게 대접받기를 바란다면 먼저 남의 자식을 귀하게 대접해야 하는 법. 이 단순한 진리를 알고 실천하는 것은 그리 쉬운 일이 아니다. 특히 자녀와 연관된 문제 앞에서 이성적인 행동보다 감정적으로 행동하게 마련이다. 대개의 부모는 내 자식이 먼저이다 보니, 내 자식 입장에서 생각하느라 남의 자식 마음까지 신경 쓸 겨를이 없다. 관심만 없으면 그나마 괜찮다. 내 자식을 괴롭히는 남의 자식은 반드시 응징해야 한다는 마음을 가진 부모가 늘고 있다.

　자존감이 낮았던 나는 자녀와 함께 자존감을 키웠다. 본래 자존감을 키우려 독토글을 선택했던 것은 아니다. 독토글을 하다 보니 자존감이 자라난 것이다. 독토글은 '부모로서 두려워해야 할 건 남의 자식 때문에 내 아이가 피해받고 상처받을 때 어떻게 대처해야 할지 그 방법을 모르는 것이 아닌, 아이들을 사랑으로 품어 안을 영혼의 존재로 성장하지 않는 삶'임을 깨닫게 했나. 부모가 자녀를 키우는 데 '상'이 많으면 기대가 커지고, 기대가 커지면 욕심을 부리고, 욕심을 부리면 자녀를 존중하고 사랑하는 데 인색해진다. 이러한 인색은 자존감을 갉아먹는다.

'상'을 버린다는 것은 굉장히 어려운 일이지만, 개인의 행복을 위해서 반드시 해야 하는 일이다.

독토글로 매일 영혼을 관리한다는 것은 '상'의 집착을 내려놓는 일이기도 하다. 공부에 집착을 버리는 일이기도 하다. 독토글로 크는 아이는 자존감이 높다. 이런 아이는 자연히 스스로 공부한다.

# 철학이 있으면 사춘기에 성장한다

살아온 과거를 돌아보니 흔들리는 혼돈의 시간이었다. 흔들리지 않는 인생은 없다지만, 이제껏 살아온 시간을 온전히 잘 살았노라고 말할 자신은 없다. 왜 나는 나 자신을 잃고 흔들림의 혼돈 속에 살았던 것일까. 물질적으로 빈곤한 가정에서 자랐기 때문이 아니라 나 자신을 붙잡아줄 철학이 없었기 때문임을 어느 철학자의 책을 통해 깨달았다. 이 사실을 알게 된 마흔에 이르기까지 나는 줄곧 사춘기 방황으로 살았던 셈이다.

철학의 부재는 삶을 있는 그대로 받아들이지 못하고 온 힘을 다해 저항하게 했다. 특히 엄마가 된 후에는 불안을 증가시켰다. 철학의 부재를 안고 사는 엄마들의 삶은 거의 비슷하다. 자녀가 보편적인 수준에서 벗어난 행동을 했을 때 불안하다. 부모가 부족한 것 같은데 무엇이 부족한지 자책하다가 아이의 행동을 잘못된 행동이라 판단하고 습관이 될까 봐 불안해한다. 훈육한다고 하는데 자녀 행동이 빨리 바뀌지 않을 때 감당할 수 없는 감정에 눈물이 난다. 초등학교 입학하기 전에 한글을 가르쳐야 한다는데 한글을 가르치기에 좋다는 교재나 도구가 너무 많아 무엇을 택해야 할지 혼란스럽다. 어릴 때부터 영어 흘려듣기를 해야 한다는데 어떻게 해야 할지 난감하다. 초등기가 공부 태도, 공부의 기초를 다지는 시기라는데 공부하기를 싫어하는 자녀의 공부 교재를 내다 버렸다가, 찢었다가, 집어던졌다가 보상을 걸었다가 부모 자신도 원칙 없이 흔들리며 정신이 없다.

사춘기 자식 눈치 보느라, 부모의 권위 세우느라 정신없이 하루하루를 살다 보니 어느새 자녀는 중학생이 되었고 고등학생이 되었다. 자녀의 이런 성장 과정에 혼란을 먼저 겪어본 선배 부모는 "자식은 부모 마음대로 안되는 거니 내려놓아라" 혹은 "팔자대로 살아가게 마련이니 힘 뺄 필요 없다" 하는 철학 없는 삶의 경험을 공유해준다. 자식 포기인지, 단념인지, 독립인지 모를 선배 부모들의 경험으로부터 엄마철학의 중요성을 인식하게 된다.

나는 요즘 아이들 사춘기가 무섭다는 소문에 딸아이가 초등 고학년이 될수록 "우리 집에 사춘기는 없다"며 협박을 해두었다. 그러나 협박은 엄마의 순진한 바람일 뿐 사춘기는 반드시 온다. 흰자위를 자주 보이고, 감정 기복이 심해지고, 부모로부터 자가 격리에 들어간다. 사춘기를 보호하려 자가 방역 수칙을 하나씩 만들어가는 것 같았다.

철학은 고통과 혼란 속에서 핀다. 고통 없는 인생이란 없다. 철학이 하는 일은 고통을 제거해주는 게 아니라 고통을 괴롭지 않게 받아들이도록 하는 것이다. 엄마 역할에 힘든 것을 제거하는 게 아니

라 지혜롭게 할 수 있도록 하고, 자녀 사춘기를 없애주는 게 아니라 건강한 사춘기를 살도록 한다. 철학은 고정관념이 아닌 삶의 지혜이다. 따라서 철학은 계속 배우고 생각하고 변화하고 확장하고 깊어질 수 있는 유연함이다.

엄마의 철학은 자녀의 철학에 씨앗이 된다. 자녀에게 철학이 있으면 흔들리면서도 중심을 잡을 주체성으로 살아가는 게 가능해진다. 인간에게 사춘기는 성장하는 과정이며 건강하게 자라는 과정이다. 자녀의 아름다운 성장 시기인 사춘기를 어른들은 중2병이니, 초4병이니 말하곤 한다. 사춘기는 2차 성징으로, 그 변화는 자연스러운 것이다. 그런데 부모들은 눈을 뒤집고, 말투가 공격적이고, 방문을 닫아버리는 행동에 초점을 맞춘 채 농담 아닌 농담거리로 삼는다.

부모의 철학 없는 언어가 요즘 아이들의 문화를 만들었다. 언어는 문화가 된다. 부모들의 사춘기 자녀 인식이 그들의 문화를 대변하는 건 아닐까. 사춘기에는 정체성 혼란으로 흔들린다. 정체성 혼란의 시기는 자신을 발견하는 기회가 된다. 모든 인간이 거쳐야 할 성장 과정인 사춘기로 말미암아 누구나 흔들리게 마련이지만, 또 누구나 자기 삶을 놓아버리거나 방황하거나 반항하거나 일탈하지는 않는다. 철학이 있으면 흔들리면서도 질서를 잡아간다. 자기 삶을 어떻게 살아야 할지 철학하게 된다. 철학을 품었을 때 흔들리는 인생에 중심을 잡을 수 있다. 그 길을 열어주는 것이 바로 독토글이다.

흔들리며 사는 것이 인생이라지만, 자녀의 흔들림을 당연한 인생 수순으로 마음 편히 받아들일 부모는 많지 않다. 사춘기의 방황 앞에서 마음의 평온을 유지하기란 실상 어렵다.

대개의 아이는 사춘기가 되기 전 자기 시간을 교과 공부를 하며 지식을 축적하는 데 가장 많이 소비한다. 그러나 국어, 영어, 수학 공부를 많이 한다고 해서 철학이 생기지는 않는다.

나는 철학을 어떻게 해야 할지 몰라 소크라테스처럼 대화를 많이 해보기로 했다. 소통의 대화는 관계를 원만하게 한다고 하니 대화로써 철학을 하기로 한 것이다.

막상 대화하려니 우리 가족에게는 없는 것이 많았다. 대화할 재료가 없어 대화가 이어지지 않았다. 철학이 없는 대화는 싸움이 되기 일쑤였다. 대화 재료의 수준이 낮으니 논리 없는 우기기와 비난이 난무했다. 철학 없는 엄마의 도전이 가정불화를 일으키고 만 것이다.

시행착오를 거치면서 나는 철학하는 아이로 키워야겠다는 마음에 힘을 빼고 애쓰지 않았다. 그랬더니 일상생활에서 숨쉬기처럼 해오던 독토글이 철학의 부재를 자연히 채워주고 있음을 느끼게 되었다.

이제 독토글로 생각을 열어놓고, 논리를 키우고, 삶의 본질과 이치에 관하여 대화하고, 자기 이해의 시간을 갖고, 자기 생각을 스스럼없이 드러내는 내 아이는 자신의 삶을 철학하며 사춘기를 보내고 있다. 오히려 사춘기에 자기 삶을 더 고민하며 잘 꾸려가고 있다.

유아기에는 몸으로 놀기가 최선의 교육이라면, 초등기는 생각과 논리로 노는 독토글이 최선의 교육이다.

이제 부모로서 제대로 된 역할을 하고자 한다면 협박하기 혹은 눈치보기를 그만두고 '철학하기'를 해야 한다. 어떻게 할 것인가 고민하지 말고 곧장 독토글을 시작하길 강권한다. 독토글을 하다 보면 자기 가정 환경에 맞는 최선책을 발견할 것이다.

## 행복의 선행학습

유아교육, 사교육, 부모교육 현장에서 많은 부모를 만났다. "자녀가 어떤 삶을 살길 원하느냐?"는 물음에 부모들은 대개 "자기가 좋아하는 일을 하면서 행복한 삶을 살길 원한다"고 답했다. 내 엄마도 늘 "네가 행복하면 된다"라고 말씀하셨다. 부모라면 누구나 자식이 행복하길 바란다. 나도 자식이 행복하길 바란다. 그런데 우리 부모님들이 행복하기를 바란 대로 지금 우리는 행복한가? 아이가 행복하길 바라는 우리의 소원대로 아이들은 행복한가?

사실 나는 행복을 모르는 사람이었다. 나는 유년 시절 행복을 경험해본 적이 없었고, 그러니 행복을 배우지 못했다. 현실적인 엄마와 이상적인 아빠의 잦은 충돌로 부부싸움은 일상이었다. 엄마 아빠와 함께 대화를 나누거나 여행을 가보거나 마음을 위로받거나 한 기억이 없다. 나에게 가정은 보호, 위로, 마음의 안식처, 가치 공유, 사랑의 샘터가 아니었다. 그저 걱정, 불안, 외로움을 키우는 곳이었다. 나에게 가정은 정서적 공유가 있는 행복한 공간이 아니었다.

유아교육 전공자로서 나는 부모 역할이 자녀 성장에 미치는 영향을 알게 된 후부터 가정교육을 연구했는데, 연구할수록 가정교육의 중요성을 절감했다. 이로부터 나는 좋은 부모가 되겠노라 다짐했다. 어린 시절 가정에서 받지 못한 사랑과 행복을 훗날 꾸린 자기 가정을 통해 치유하고 회복할 수 있다니 희망적이었다. 행복한 가정을 경영하는 지혜로운 부모의 모습과 그 옆에서 행복한 미소를 지으며 자라는 자녀의 모습을 상상하며 꼭 이루어낼 거라고 결심했다. 물론 쉽게 이루어질 리는 만무했다. 행복은 열망으로 얻을 수 있는 것이 아님을 부부싸움을 치열히 하면서 배웠다. 행복을 경험해본 적 없었기에 행복을 소유하려 했다. 자녀의 행복마저도 소유하려 했다. 자녀는 부모의 결핍을 채우는 소유의 대상이 아니다. 행복이란 자기 삶을 있는 그대로 받아들이는 만족이자 감사이다. 행복은 가족 간에 정서적으로 연결된 상태이며 소소하게 무엇이라도 공유하면서 느끼는 것이다.

소소한 것들을 공유하면서 사랑이 스며들고 행복감이 충만해진다. 소유의 욕심을 내려놓고 공유하려는 게 처음에는 힘들었지만, 무엇이든 노력하면 능숙해지는 법. 그토록 행복을 지키겠다고 수호신처럼 애쓰던 그때의 어리숙한 내 모습을 떠올리면 피식 웃음이 나온다. '행복이 이런 거지, 별거 있나' 싶을 정도로 자녀와 함께하는 일상에서 행복감을 느낀다.

딸아이와 저녁 식탁에서 자기 학교생활을 공유하며 느끼는 소소한 행복은 실제로 별거 없다. 대화하려 애쓰지 않아도 정서적으로 연결되어 있으면 공유하게 마련이다.

> 딸: 학교에서 친구들이 빨갱이라는 말을 사용하는데 듣기가 싫더라구요.
> 엄마: 어떤 상황에 빨갱이라는 말을 사용하는데?
> 딸: 친구들이 마음에 들지 않을 때 욕 같은 거로 빨갱이라고 해요.
> 엄마: 친구의 행동이 마음에 들지 않거나 자기와 다를 때 사용한다는 거구나. 근데 넌 왜 빨갱이라는 말이 듣기 싫어?
> 딸: 태백산맥을 읽으니까 빨갱이라는 말을 제대로 알고 사용해야겠다는 생각이 들었거든요.
> 엄마: 엄마도 태백산맥을 읽고 지금까지 알고 있던 사회주의, 빨갱이, 공산주의에 대해 알고 사용해야겠다는 생각을 했었어.

우리 모녀의 일상 공유는 주로 독토글에서 비롯된다. 공유가 서툴렀던 우리 모녀에게는 공유할 매체가 필요했다. 나는 어린 시절 가정에서 행복 그리고 가족 간 정서적 연결을 배우지 못했기에 무엇이든 매체의 힘을 빌려야 했다. 처음에는 매체를 중심으로 대화를 나누었지만, 정서적 연결이 자연스럽게 단단해지니 일상 그 자체가 매체가 되었다. 딸아이는 중학교 입학소개서에 '나와 엄마의 친밀도'는 최상, '우리 가족 소개'에는 대화를 많이 하고 대화로 문제를 푼다고 적어놓았다.

지금 가정 현실은 어떤가? 공유의 장소라기보다 공간의 의미가 크다. 잠을 자는 공간, 자기 물건을 안전하게 보관하는 공간, 자유롭게 개인생활을 하는 공간이다. 가정에 공간의 의미만 있으면 정서적인 면이 결핍된다. 우리는 정서적 연결에 허기지고 있다. 정서적 결핍은 행복을 소유하게만 하거나 낯설게 한다. 어느 쪽이든 우리가 추구하는 행복과는 멀어진다. 공유와 공간의 의미가 함께 공존하는 곳이 되면 아이들의 방황, 불안, 우울, 스트레스, 무기력, 중독 등의 정서적 문제는 치유된다. 가족과 공유는 정서적 연결이다.

'행복한 가정은 서로 닮았지만, 불행한 가정은 저마다의 이유로 불행하다.'

톨스토이의 소설《안나 카레니나》의 첫 문장이다. 지금 우리 가정의 행복을 훗날 우리 아이들의 가정도 닮을 것이다. 그러니 공부의 선행학습보다 행복의 선행학습이 우선되어야 한다. 거듭 말하지만 행복은 소유가 아니라 공유다. 함께할 시간이 많은 초등기에 정서적 연결을 단단히 해두면 '친밀도 최상'이라는 그 힘이 공간을 넘나들며 행복을 든든히 지킨다.

행복을 모르는 서툰 부모가 행복한 가정을 꾸려 나아가려니 낯설고 힘들지만, 그럼에도 계속 연습하고 노력해야 한다. 소소한 일상의 공유를 통해 나는 '아, 이런 게 행복이구나!' 느끼며 살아가고 있다. 가족 구성원 모두가 바쁜 게 현실이다. 나는 작가와 강사를 병행하느라 바쁘고, 남편은 회사 일을 하느라 바쁘고, 고학년이 된 아이는 하고 싶은 것이 많아서 바쁘다.

바쁜 와중에도 무엇이든 공유하려 노력한다. 식탁에서, 가족 단톡방에서, 전화상에서, 여행지에서 공유하려 노력한다. 딸아이와 나는 식탁, 전화 통화, 가족 단톡방에서 많은 것을 공유한다. 아이의 학교생활, 엄마의 일상생활, 함께 읽은 책, 함께 읽은 신문 기사 등을 공유한다. 대화에 참여 빈도가 적은 가장 바쁜 남편에게는 딸과 나눈 대화 내용의 핵심을 나누며 내가 공유매체가 돼준다.

공유한 내용의 옳고 그름은 둘째 문제다. 공유는 특별히 시간과 상황을 만들어내지 않아도 가능하다. 엄마의 역할은 함께하는 저녁 시간에 아이 생각을 들어주고 물어주면 된다. 원초적 사랑을 나누는 가족인데도 함께하는 시간이 어색하다는 것은 공유할 시간이 없고, 공유할 매체가 없고, 받아줄 여유가 없다는 뜻이다.

회사에서 보내는 시간이 많아 얼굴 보기 힘든 남편이 어느 날 딸에게 전화를 걸어 "내가 니 아빠야" 하며 농담한 적이 있다. 특별한 상황에서도 그에 맞는 방법은 있다. 가족이 모두 함께 공유할 시간이 어색해질 때 같이할 무엇이 필요하다. 공유할 매체가 가정의 환경마다 다르다. 영상, 특별한 뉴스, TV 프로그램, 게임, 독서, 여행 등 각기 다르다. 가족이 함께 공유하는 매체물에 좋고 나쁨이란 없다. 흔쾌한 마음이면 충분하다.

'공유하기'를 연습하고 노력하는 게 부모의 역할이다. 가정의 행복을 자녀들이 만들기란 어렵다. 자녀들의 재롱에 행복감을 느끼는 건 부모인데, 그 재롱의 시기는 순식간에 지나간다. 자녀의 재롱이 가정 행복의 전부라면 자녀 성장 이후에 그 행복은 사라질 것이다. 공유는 시공을 넘나들며 사랑을 이어주고 행복감을 느끼게 해준다. 공유를 통해 연결된 느낌은 감정적 애착 그 이상이다.

행복의 선행학습으로 행복해진 아이들은 공부로 지치기 쉬운 고등학생 시기, 취업 준비 시기를 잘 버틸 수 있으리라 믿는다.

## 자기 이해 1등급의 시대

'2018년 서울대학교 학생복지 현황 및 발전 방안 최종보고서에 따르면 서울대생 2명 중 1명꼴로 우울증을 겪고 있다는 충격적인 연구 결과가 나왔다.'

이 연구 결과는 정말 충격적이었다. 우리 아이들이 서울대도 아니고 이른바 '인서울'을 목표로 주말도 없이 주야장천 공부에 매달리고 있는 현실을 돌아볼 때 어찌 충격적이지 않을 수 있을까. 우리나라 최고의 대학에 합격한 수재이자 인재라는 자부심으로 모두가 행복하게 학문을 하며 하루하루 희망차게 생활할 것 같은데 그렇지 않다니……

사실, 서울대생만 우울한 게 아니라 스스로 경쟁 속에 몸을 담그고 있는 사람 모두가 우울하다. 나도 만성 우울감에 빠져 살았다. 타인의 시선 속의 나는 열심히, 당차게, 멋지게 사는 그야말로 '대단한 사람'이었지만 정작 나 자신은 급변하는 경쟁사회에서 뒤처질까 봐 늘 불안했고 그래서 우울했다. 만성 우울감은 자기계발의 중독으로 자기 자신을 몰아가고, 자기계발은 만성 우울감으로 자기 자신을 몰아가는 이 아이러니한 악순환이 불안감을 키운 것이다.

충격적인 서울대생의 우울증 연구 결과는 연쇄적으로 충격을 낳았다. '왜일까?'를 생각하다가 나 또한 우울증으로 살았다는 새삼스러운 사실에 충격이 왔고, 초등학교 때부터 좋은 대학 입학이라는 하나의 목표를 놓고 경쟁하는 아이들의 그런 삶을 방관하는 부모라는 자각에 또 충격이 왔다.

지금 아이들에게 무엇보다 절실한 것은 자기계발이 아닌 자기 발견이다. 엄청난 양의 지식 이해에 앞서 자기 이해가 선행되어야 한다. 대학 입학을 위해 고등학교 1학년 때부터 진로를 정하고 준비해야 하는 교육제도와 현실은 다르다. 자기 이해가 있어야 자기 진로를 스스로 결정할 수 있다. 하지만 현실은 어떤가. 자기가 무엇을 좋아하는지 싫어하는지 돌아볼 겨를도 없이, 꿈꾸고 생각하고 경험할 시간도 없이 그저 학교와 학원을 수단으로 성적등급을 높이는 데 인생을 쏟는 실정이다. 그러면서 아이들에게 인생의 목표를 정하라 하고, 꿈을 찾으라 하고, 재능을 찾아 키우라 하고, 가슴 뛰게 좋아하는 일을 찾아 하라고 한다. 아이들은 어른들의 현실성 없는 이상적 조언을 분별할 사이도 없이 내달린다. 잘 달려 좋은 대학이라는 목표를 달성할라치면 그에 걸맞은 직장을 목표로 또 달려야 한다. 성적등급이 아이의 미래를 결정하는 기준이 된다. 성적등급이 꿈의 실현이 되는 것이다. 자기가 좋아하는 일이 무엇인지, 전공하고 싶은 것이 무엇인지, 자기 가슴을 뛰게 하는 그 무엇이 외면당하고 있는 현실에 아이들이 내몰리고 있다. 자기 발견과 자기 이해가 성적등급보다 중요하다는 사실을 교육 현장에서 아무도 알려주지 않고 있다.

학창 시절에는 물론 공부도 해야 하고 공부법도 배워야 한다. 하지만 그보다 먼저 배워야 하는 것은 자기를 발견하고 이해하는 법이다. 삶은 경쟁이다. 경쟁을 피해 갈 수 없다. 경쟁궤도에 떠밀려 들어가 자기 자신 없이 달리기만 하는 것과 자기 자신이 경쟁의 대상, 목표, 방법, 시간을 결정하고 조절하는 것은 분명 다르다. 자녀는 자신의 삶을 살기 위해 태어난 것이지, 부모의 삶을 살아주기 위해 태어난 것이 아니다. 당연히 누군가가 정해놓은 잘 사는 삶에 맞춰 살고자 태어난 것이 아니다.

실상 부모가 경쟁을 재촉하지 않아도 태어나면서부터 이미 경쟁 사회에 발을 들인 아이들은 스스로 비교할 수밖에 없고 그래서 불안하다. 부모 자신도 모르게 하는 비교가 일상다반사 아니던가. "얘는 키가 크구나", "쟤가 수학 1등급이래", "걔가 영어를 잘한다더라" 등등……. 입버릇처럼 하는 비교로부터 자녀는 기가 눌리고 불안해한다. 공부가 꿈의 실현이고 가장 중요한 가치라면, 아이들은 자기 자신을 잃고 불안해하고 우울해하고 그렇게 무기력해진다.

이제는 성적 1등급의 시대가 아닌, 자기 이해 1등급의 시대가 되어야 한다. 초등기 6년이 공부 체력을 기르는 중요한 시기가 아닌, 자기 이해 체력을 기르는 중요한 시기가 되어야 한다. 나는 이제 만성 우울감으로부터, 불안으로부터, 비교와 경쟁으로부터 자유로워졌다. 이 모든 게 다 자기 발견 덕분이다.

많은 책을 거울로 삼은 덕분에 나 자신을 발견할 수 있었다. 자기 발견 없는 성장이란 있을 수 없다. 자기 발견 없는 꿈은 꿈이 아닌 그저 일일 뿐이다. 그 무엇에서도 자기 자신 없이는 행복감을 느낄 수 없다. 인간에게 자기 자신은 '같음'이 아니라 '다름'이다. 획일성이 아니라 고유성이다. 집단화가 아니라 개별화다.

인간이 자기 자신을 발견하도록 불을 밝혀주는 것이 바로 독서다. 보이지 않는 내면을 길어 올려 보여주는 것이 글쓰기다. 자기 발견의 시대로 나아가야 할 지금, 독토글은 일상에서 수시로 찾아오는 우울감에서 벗어나게 하는 자기 구원의 강력한 수단이다.

살기 좋은 세상에 사는 만큼 더 경쟁하며 살아야 하는 참으로 아이러니한 세상. 이러한 세상에서 살아내야 할 우리 아이들에게 그 무엇보다 절실한 것은 거듭 강조하지만 독토글이다. 요컨대 독토글은 자기 자신을 구원하며 살아갈 힘의 동력이 되어준다.

　누구나 무한한 잠재력을 가지고 있지만, 누구나 자기 내면의 잠재력을 보는 것은 아니다. 특히 아이들은 '바보 빅터'처럼 어른들에 의해 평가받은 자기로 살아간다. 바보 빅터는 말더듬이, 못난이, 저능아라는 어른들의 평가와 선생님의 편견 속에서 아이큐가 173이었지만 73으로 판정받고 17년간 바보 인생을 산 천재다. 그는 자신이 바보가 아닌 천재였음을 알고는 이렇게 한탄했다고 한다.

　"난 정말 바보였어. 나 자신을 믿지 못한 정말 바보였어!"

　자기 자신을 믿지 못하고, 스스로 보지 못한 바보 빅터.《바보 빅터》를 여러 번 읽은 딸아이의 독서 노트에는 이렇게 필사가 되어 있다.

　'Be yourself. 너 자신이 되어라. 세상이 비웃더라도 자신이 옳다고 믿어야 한다.'

　이에 대한 자기 생각도 적었다.

　'자신을 믿고 자신의 가능성을 믿자.'

　나 또한 타인의 평가에 휘둘리는 바보로 살다가 '책'이라는 거울을 통해 나 자신을 발견하고는 날마다 기쁘게 살게 되었다. 그리고 자연히 내 아이에게 '책'이라는 바다를 항해하는 환경을 만들어주었다.

　초등기가 왜 그토록 중요한지 키워본 사람들은 안다. 부모의 영향력이 미치는 시기가 초등학교 때까지라는 그 사실을 말이다. 딸아이는 6학년 2학기가 되면서 부쩍 "제가 알아서 할게요"라고 말하곤 한다. 자기 인생은 자기가 살아갈 테니 간섭 좀 그만하라는 말일 것이다. 엄마의 도움도 잔소리가 되기 시작한 것이다. 초등학교 6학년이 되니 그토록 좋아하는 독서마저도 엄마 말을 통하자면 잔소리가 될 판이다. 이제 나는 대견한 마음으로 잠자코 자립을 돕는다. 자기의 구원자로 살아가려는 사춘기 소녀에게 독토글을 물려주었으니 든든하기 이를 데 없다.

초등기에는 스스로 책을 읽는 즐거움, 자기 논리를 펴는 즐거움, 자기 글을 쓰는 즐거움이 최선의 교육이자 전부다. 그 이후에는 아무리 좋은 것일지라도 부모가 권하면 저항한다. 초등학교 시절이 가장 여유 있는 때인 만큼 나는 학원 등 사교육에 시간을 쏟는 대신 아이와 함께 독토글을 하러 도서관과 카페를 다녔다. 그 시간이 정말 즐거웠음은 물론이다.

자신도 모르게 아이의 잠재력에 상처 내는 말을 습관적으로 한 것은 아닌지 돌아보자. 깨닫고 고치면서 한 번뿐인 자녀의 초등학교 시절에 미련을 남기지 않도록 노력하자. 독토글로 말이다.

# 수학능력시험과 독서력

해마다 치러지는 수학능력시험에 독서의 중요성이 강조되고 있다. 2022학년도 수능에서도 헤겔의 변증법과 기축통화와 환율 변동 등의 지문이 힘들었다고 한다. 문해력, 이해력, 어휘력, 독해력, 논리력 등의 공부 역량을 키우는 데 독서만 한 게 없다는 것은 새로운 사실이 아니다. 각 분야에서 독서의 효과를 증명하고 있지만, 실상 독서보다 입시를 위한 공부에 집중한다.

12년의 학령기 중 여유로울 수 있는 시기는 초등기 6년이다. 대개의 부모는 그 시기에 수행평가를 위해 음악·미술·체육 등 예체능 능력을 키우고, 영어·수학 등 선행학습을 시킨다. 하지만 나는 독토글을 선택했다. 독서력이 공부력이기도 하지만 인생의 자본력이라 믿기 때문이었다. 이는 직접 한 경험을 통해 얻은 지혜였기에 올곧이 선택할 수 있었다.

'공부가 인류의 더 나은 삶에 기여하지 못한다면 쓸모를 잃을 것이다.'

이 생각으로 나는 아이에게 공부가 어떤 의미인지를 먼저 알게 하고 싶었다. 독서는 스스로 역량을 발견하고 키울 수 있도록 의식을 깨워준다. 빠르게 변화하고 발전하는 세상을 살아가는 사람들에게 필요한 것은 지식 암기 방법의 공부가 아니다. 많이 아는 것도 중요하지만, 정보를 이해하고 비판적으로 습득해서 인류에 선한 방향으로 적용할 수 있는 능력이 더 중요하다.

수학능력시험에 관하여 대화를 나누던 중 딸아이가 "수학만 시험 보는 게 아닌데 왜 수학능력시험이라고 하는 거예요?"라고 질문했다. 딸아이의 질문에 부모의 성급함이 의미를 가르치지 않고 중요성만을 강조하게 한다는 성찰이 일었다. 나 또한 수능을 성적으로 등급 매기고 그에 걸맞은 대학교로 이어주는 문 정도로 인식하고 있었다. 대입 전형 정보를 모아 서류를 마련하고 포트폴리오를 잘 준비해주는 게 부모 역할이라고 생각했다.

우리 아이들이 수학능력시험의 의미를 모른 채 그저 시험을 위해 12년간 전력 질주하며 공부하고 있는 현실을 새삼 돌아봤다. 수학능력시험은 대학에서 학문을 배우고 닦을 수 있는 적격자를 선발하기 위해 1994년부터 교육부에서 해마다 실시하는 시험이다. 초등생 6학년 아이가 잘 이해할 수 있도록 이렇게 설명해주었다.

"수학능력시험의 '수학'은 닦을 '수', 배울 '학'이고 네가 말하는 '수학'은 산법 '수', 배울 '학'이야. 그러니까 십이 년 동안 배우고 닦은 학문 능력을 시험으로 평가해서 대학교에서 배울 준비가 되어 있는지 판단하는 자료인 셈이야."

어느 곳에서나 사람을 택할 때는 그곳에 필요한 능력이 준비되어 있는가를 다양한 방법으로 평가한다는 걸 설명해주었다. 어떤 분야에서 무엇을 하더라도 가장 기본이 되는 능력은 읽고 쓰고 대화하는 능력이다. 이를 키우기 위한 최선의 방법이 바로 독토글이다.

초등기 6년은 수학능력시험을 위한 기본능력을 함양하는 적기이기에 나는 독토글 공부에 아이가 집중할 수 있도록 했고, 공부하는 주체는 자기 자신이기에 주도적 학습을 할 환경을 마련해주었다.

수학능력시험의 개념을 알려주면서 시험 출제 방식을 보여주고자 2021학년도 수학능력시험 문제지를 출력해줬다. 영어, 수학 문제는 눈으로 확인하게만 했고 국어 문제는 직접 풀게 했다. 국어 문제를 풀어본 아이는 "수학능력시험이 이렇게 쉬우면 어떻게 하나?"며 놀라워했다. 문학 문제는 쉽게, 비문학 문제는 다소 어렵게 풀어본 후 아이는 비문학 읽기를 좀 더 해야겠다고 했다. 아이는 독서력이 수능에서 어떻게 작용을 하는지 체험했고, 그동안 공부한 독토글의 효과를 직접 확인했다. 영어, 수학을 공부하는 태도 또한 적극적으로 변했다.

우리나라 독서율을 높이는 건 학생이다. 그런데 학생들의 독서가 끝나는 시기는 초등학교 6학년 때라고 봐도 무방하다. 중학생이 되면 독서량이 현저히 줄어든다. 독서 시간을 줄여야 지식 공부를 할 시간이 마련되기 때문이다. 나는 딸아이에게 말해주었다.

"중학생 이후부터는 자연스럽게 독서 시간이 줄어들 거야. 그런데 독토글은 인생 자본력이니까 시기에 맞게 시간을 조절하면서 끊임없이 해야 해."

요즘 딸아이는 친구들과 어울려 어른들의 놀이문화를 즐기느라 독서 시간이 확 줄어든 게 현실이다. 학원을 안 다니기에 시간이 많은 친구들과 또래관계를 형성하면서 방과 후 시간은 노래방, 쇼핑, 방탈출 카페, 만화 카페, 맛집 등을 즐기는 중이다.

나는 독토글로 함께 성장하는 엄마이므로 돌아오지 않을 자녀의 시간을 존중해준다. 존중은 자기 삶에 주인 자리를 스스로 찾는 힘이 된다. 삶은 지식으로 구성되는 것이 아니라 경험으로 구성된다. 살아가는 데 지식은 분명 필요하다. 그러나 기계적인 지식 습득에 매몰되어서는 안 된다.

초등기 6년간 해야 할 수능 준비는 시험에 필요한 지식을 외우고 익히는 일이 아니다. 시험을 잘 치르는 데 필요한 문해력, 이해력, 문제해결력 등의 능력 키우기다. 초등기 6년 동안 나는 아이에게 다양한 경험과 더불어 독토글 그리고 학년 교과서를 매일 최소한의 시간 이상으로 공부하는 환경을 마련해주었다.

　수학능력시험을 보는 것은 자녀다. 수학능력시험을 알고 준비하는 것도 자녀다. 자기 공부의 주체는 자기 자신이다.

　나는 공부하는 주체가 딸아이 자신임을 명확히 인지하도록 했다. 또한 수학능력시험과 그 외 인생에서 중요한 시험을 잘 치를 수 있게 하는 기본능력이 독토글임을 주지시켰다. 그렇게 독토글 공부에 집중할 수 있도록 환경을 만들어주었다. 초등학교 6학년 2학기 때부터는 수학능력시험 관련 정보와 기사들을 스크랩해서 직접 읽어보게 했다. 공부 관련 정보와 기사들도 유익하다 싶으면 읽어보게 했다. 읽은 것들을 전부 대화거리로 삼지는 않는데, 대개 아이가 관심 두는 것들과 궁금해하는 것들을 소재로 대화한다. 공부 관련 대화에서만큼은 부모가 주도권을 잡지 않는 게 좋다. 아이들은 잔소리라 여겨 대화의 문을 닫아버리기 때문이다.

　독토글은 일상에서 자연스럽게 주도적 학습이 이루어지도록 만드는 최고의 교육 수단이다. 어휘력 키우기를 예로 들자면, 어휘력이 중요한 만큼 초등학교 시기에 한자급수 공부를 시키거나 단어장 만들기를 시키기도 하지만 인위적인 방법이 추가되면 공부량에 부담을 느끼게 마련이다. 물론 한자를 좋아해서 스스로 한다면 즐거운 공부가 될 테지만.

　나는 문제를 이해하기 위해 어휘력이 높아야 한다는 것을 아이가 깨닫도록 했다. 이 사실을 알게 된 후, 아이는 이후 신문에서 소개하는 한자음과 뜻을 유념해서 읽는다. 낯선 어휘는 전자사전으로 찾아본다.

예컨대 신문을 읽다가 '연패'의 서로 상반되는 뜻을 배운다. 연패(連霸, 으뜸 패)는 운동 경기 등에서 연달아 우승한다는 뜻이고, 연패(連敗. 무너질 패)는 싸움이나 경기에서 계속 진다는 뜻이다. 한글은 같은 '패'이지만 한자가 달라서 뜻이 다르다는 것을 아이는 깨닫는다. 그리고 확장하여 패권국가는 으뜸 자리의 국가라는 것으로 연결해 나아간다.

독토글로 공부하는 아이에게 어휘는 공부의 영역이 아닌 일상적 읽기일 뿐이다. 이런 아이는 어휘력이 높다는 것에 뿌듯해하며 적극적으로 수업에 참여한다.

거듭 말하지만, 부담 없이 할 수 있는 최고의 수능 준비는 독토글이다. 시간적 여유가 있을 때 독토글로 자연스럽게 공부력을 키워주자.

# 자기주도학습의 결정적 시기

    부모들이 가장 좋아하는 학습은 자기주도학습이다. 자기주도학습이 안되니까 상당한 교육비를 들여가며 유능한 선생님들을 통해서라도 자녀 학습에 도움을 주고자 하는 것일 터. 어떤 부모들은 심지어 자기주도학습 학원을 보내기도 한다.

    자식을 향한 부모의 교육열은 시공을 초월한다. 일례로 고려 시대에도 지금처럼 교육열이 대단했다고 한다. 그 중심에 사학12도(私學十二徒, 사립학교)가 있었다. 광종이 과거제를 시행하면서 과거시험 합격률이 가장 높은 곳이었기 때문이다. 당시 사학12도에 입학하려는 자제들로 말미암아 학원과 개인과외가 성행했다고 하니 지금과 별반 다를 게 없다.

    그 어떤 나라의 부모이든 추종하는 공부법이 다를 뿐 모두가 자녀교육에 열을 올리게 마련이다. 대한민국 엄마인 나 자신의 교육

열 또한 상위 1%라고 자부한다. 학령기의 절반인 초등학교 6년 동안 자기주도학습이라는 형태의 교육에 열성을 다했던 이유는 그것이 혼자 공부해서 1등급 성적을 유지하는 학습 형태를 의미하는 것만이 아니기 때문이다. 자기주도학습은 교육 전 과정을 자발적 의사에 따라 선택하고 결정하여 행하는 학습으로, 학습에 참여 여부에서부터 목표 설정과 교육 프로그램 선정 및 평가까지 스스로 하는 학습 형태다. 자기주도학습의 핵심인 '자발적 의사'를 키워야 할 중요한 시기에 부모 교육열을 앞세워 이를 억압하는 우를 범한다.

많은 부모가 자기주도학습의 개념에서부터 불안해한다. 부모가 알고 있는 최고의 교육 프로그램, 잘 가르치는 교사, 세상이 필요로 하는 능력을 공부 식탁에 잘 차려주면 시간을 절약하고 실패 없을 것 같은 마음 때문이다. 하지만 그런 공부 식탁에는 결정적으로 자발적 의사가 없다. 인생에 과정 없는 결과란 없는 법이다. 자기주도학습은 차려진 공부 식탁에서는 불가능하다. 왜냐하면 자기주도학습을 위해서는 자신의 학습 필요와 욕구를 파악하는 자기 이해, 학습 참여 여부와 시기를 정하는 자기 결정, 자신의 필요와 욕구에 맞추어 명확하게 학습 목표를 선정하는 자기 계획, 교육 성취 결과의 자기 평가, 학습 목표에 이르기 위해 프로그램과 학습 방법을 결정하고 조율하는 자기 조율이 필요하기 때문이다. 자기주도학습의 역량은 자발적 의사 없이 불가능한데, 부모는 초등생 아이의 자기 의사가 어쩐지 불안하다. 자기주도학습에 필요한 역량은 인생을 살아가는 데 필요한 역량과 같다. 즉, 자기주도학습이 가능해야 자기주도적인 삶 또한 가능하다.

자기주도학습 능력은 단순하고 간단하게 주입으로 갖춰지는 능력이 아니다. 잘 차려진 공부 식탁에 익숙해진 아이들은 과정의 즐거움을 모른다. 결과와 관계없이 과정이 주는 성취감을 모른다. 식탁을 차리는 과정에서 자기주도학습의 핵심인 '자발적 의사'를 배우고 익히기 때문에 초등학교 시기 잘 차린 공부 식탁은 자기가 차린 식탁이다. 초등기 때 가장 중요한 교육은 안전한 부모라는 교육장 안에서 작은 것에서부터 자발적으로 자기 의사에 따라 자율성을 경험하며 자립을 준비하는 것이다. 잘 차려진 공부 식탁에 둘러앉아 '어떤 요리 과정으로 만들어졌는지, 어떻게 차렸는지, 어떻게 먹어야 빨리 배부르게 먹는지'를 전문가에게 배워야만 나중에 더 잘 차릴 것 같지만, 적어도 초등학교 시기에는 아니다. 이론으로 배우고 실습하는 교육은 그야말로 고등교육이다.

초등기에 가장 안전하게 자발적 의사를 반영할 수 있는 활동이 독토글이다. 어떤 책을 읽을 것인지 아이가 스스로 선택해도 부모는 불안하지 않다. 자기 의사가 반영된 책 읽기는 자녀도 춤추게 한다. 초등기 독토글은 '지도'와 '가르침' 없이 자기 의사를 100% 반영하는 교육, 요컨대 자립 능력을 키우는 최고의 교육이다.

지도와 가르침만 있고 자기 의사 반영이 거의 없는 공교육과 사교육에 익숙해지지 않게 이제부터라도 가정교육이 힘을 써야 한다. 나는 초등학교 입학을 앞두고 자녀 유아기에 자율성을 키우는 데 집중했다. 그러다 보니 자유로운 아이가 공교육에 어떻게 적응해 나아갈지 궁금하기도, 염려되기도 했다.

초등학교 5년 동안의 생활은 자율과 사회적 규칙의 가면을 쓴 공교육 권위와의 충돌이었다. 칠판에 흰 글씨가 써지는 것을 처음 본 자유로운 아이는 칠판 앞에 가서 분필을 만져보고 칠판에 써본다.

공교육 시선에서는 교사 물건에 함부로 손대는 아이다. 자기주장이 자유로운 아이는 또박또박 자기 말을 한다. 공교육 시선에서는 대들고 말대답하는 건방진 아이다. 궁금한 것이 많아 빈번히 질문한다. 공교육 시선에서는 수업 시간에 엉뚱한 질문으로 수업을 방해하는 아이다. 발표를 좋아하는 아이의 자유로움은 시공간이 따로 없다. 공교육 시선에서는 잘난 척하는 아이다. 시시때때로 자유롭게 꿈을 꾸고 흉내를 낸다. 공교육 시선에서는 발랑 까진 아이다. 부모 입장에서는 공교육의 문제지만 공교육 입장에서는 부모와 자녀 문제다.

부모로서 내가 혼란 속에 중심을 잡는 동안 딸아이는 독토글로 자기를 키웠다. 사회적 눈치를 알게 되는 초등학교 4학년 때쯤부터 자기와 공교육의 배치된 그 무엇을 어렴풋이 느끼기 시작했다. 왜 친구들은 학교에서 쉬는 시간에 학원 숙제를 할까? 왜 선생님들은 화를 많이 낼까? 왜 친구들은 자기 말을 하지 못하고 혼자 중얼댈까? 왜 영어를 잘하는 아이가 쉬운 우리말의 뜻은 모를까? 왜 그룹 토론 시간에 말장난만 할까? 많은 질문에 자기만의 답을 쓰고 고치고 다시 써가면서 사회와 공교육을 자기 인식으로 디자인했다. 누구의 문제인지 시비를 가리려는 것이 아니다. 독토글로 자기가 버릴 것과 지킬 것을 스스로 분별하는 과정에서 자기주도학습의 역량을 발휘한다는 점을 말함이다.

초등기 6년이라는 시간을 과정으로 여기기란 만만치 않다. 과정에서는 길고 긴 불안과 두려움, 혼란이 있지만 지나고 보니 시간은 빠르게 지나가고 있었다. 어느덧 딸아이는 중학생이다.

내일 죽을 것처럼 오늘을 살고 영원히 살 것처럼 미래를 생각하라는 말처럼 자녀교육에서는 더욱 순간을 살아야 하지만 순간에 매몰되어서는 안 된다. 자기 공부 식탁을 차리는 과정에서는 서툴고 실수가 잦고 혼란의 연속일 수밖에 없다. 사회와 공교육의 저항도 있다. 그 과정이 배우는 수업 시간이다. 자기주도학습의 역량을 키우는 초등기 6년 동안 부모 역할은 딱 하나다. 부모가 중심을 잡고 든든히 묵묵하게 함께 걸어주는 거다. 묵묵히 함께 걸어줄 힘은 엄마 공부에 있다.

독토글의 교육은 학원교육과 달리 효과가 바로바로 나타나지 않는다. 아이가 학교에서 공부하고 있을 동안 나는 초등교육 관련 책들을 찾아 읽었다. 초등학교 교사와 사교육 교사, 교육자와 심리학자가 쓴 초등기 관련 책을 다 읽은 듯하다. 세상에 나와 있는 책이 그리 많지 않아 공부를 그리 열심히 한 것도 아니다. 집중해서 읽으면 한두 달이면 되지 싶다. 사교육에 위탁하지 않고 공교육에 떠넘기지 않고 가정교육을 하기 위해서는 부모가 꾸준히 공부해야 한다. 방법을 찾기 위해서가 아니라 효과가 바로바로 나타나지 않는 과정에 불안을 달래기 위한 공부다.

엄마의 주도학습이 아이의 주도학습을 도울 수 있다. 독토글로 하는 엄마 공부는 엄마에게 자기 치유의 시간이 되기도 한다.

# 사교육과 일상교육의 차이

교육기에 접어든 자녀가 있을라치면 문 앞에 붙어 있는 교육 홍보지를 관심 갖고 읽게 마련이다. 어느 날 문 앞에 붙은 독서 관련 홍보지에 실린 교육 프로그램 설명을 읽고 있자니 독서로 모든 것이 다 해결될 것만 같았다.

홍보지를 통해, 지인들의 입소문을 통해 가정교육 밖에는 좋은 교육이 많고, 선택만 하면 내 아이가 공부를 잘할 것만 같은 유혹에 빠지기 쉽겠구나 싶을 때가 있다. 그러나 '고졸 이상 누구나 가능'이라는 교사 모집 공고를 보자면 충격적이다. 실제로 교육에 문외한인 학원 원장이나 교사로 활동하는 몇몇 지인을 보면서 사교육에 대한 신뢰도가 낮아진다. '재능 있는 누구나', '관심 있는 누구나', '열정 있는 누구나'가 가능한 직업군이 있지만 교육은 누구나 가능한 직업군이 결코 아니다.

석사까지 유아교육을 전공하고, 유치원과 사교육 현장에서 20여 년간 교육한 경력이 있고, 유치원감 자격까지 있으니 교육 전문가라 할 나도 교육자라는 타이틀 앞에서는 늘 겸손해진다. 가르치는 동안 배우지 않으면 가르치는 게 아니라는 신념으로 나는 늘 배우는 삶을 산다. 교육을 숭고히 생각하는 나로서는 '누구나 가능'이라는 지원 조건을 이해할 수도, 용인할 수도 없다. 실제로 누구나 현장에서 교사로 활동하고 있는 그 교육기관을 신뢰할 수 없다. 훈련되지 않은 교사의 언어는 배우는 학생들의 자존감을 싹둑 잘라내는 가위이고, 교사의 행동은 당장 건강상 이상을 일으키지 않지만 계속 먹으면 건강이상을 일으키는 그런 불량식품이다. 초등기에 방과 후 수업, 학습지, 학원교육을 멀리한 이유는 교사 자질의 문제 때문이기도 했다. 초등기까지는 가르치는 교사의 언어와 태도를 분별없이 그대로 받아들이는 시기다. 초등 독토글에서만큼은 가장 좋은 교사는 단연코 엄마다.

나는 초등 독토글 수업을 운영한 적이 있다. 초등학교 1학년을 대상으로 개강하여 초등학교 4학년 말에 폐강했다. 독토글 수업을 접한 아이들은 기존의 수업 방식과 다르다는 점만으로도 재미있어했다. 독토글 수업에는 침묵과 규칙이 없다. 글을 읽고 자기 생각을 자기 언어로 말하는 수업이기에 조용히 침묵하고 있는 건 수업을 하지 않는 것과 같다. 규칙은 없지만 하나의 원칙은 '자기 생각을 말하고 친구의 생각을 듣는다'이다. 수업이 입소문을 타고 알려지기 시작했지만 확장하지는 않았다. 수업을 확장하면 가르치는 교사가 독토글을 할 시간이 없기 때문이다. 교사 자신이 독토글의 삶을 살지 않으면 제아무리 교육 프로그램이 좋고 교수법이 뛰어난들 무의미해진다. 그저 수업 시간에 교사 역할을 하는 공연가가 될 뿐이다.

아이들의 일상에 독토글이 스며들어 생각을 살리려는 마음으로 수업 연구도 열심히 했다. 아이들은 재미있게 수업에 참여했지만, 교사인 나는 수업의 즐거움이 점점 사라졌다. 자기 생각을 자유롭게 말하는 수업에 적극 참여했지만, 그 수업 시간에 비례하여 아이들이 변하지 않았다. 고민에 빠져 다양한 방법으로 수업을 연구하고 적용하다가 딸아이에게서 답을 찾았다. 독토글 수업에 참여하는 아이들의 수준은 뛰어났다. 똑똑한 아이들이었다. 재능도 많았다. 그에 비해 딸아이는 특별한 재능이나 똑똑함은 없었다. 밝고 명랑한 자유로운 아이였다. 초등학교 4학년이 되었을 때 딸아이와 수업받는 아이들의 극명한 차이점을 발견했다. 딸아이는 일상 자체에 적극적으로 참여하고 아이들은 수업 한 시간에 적극적으로 참여한다는 거였다. 일상이 독토글인 아이의 변화는 점진적 상승형인 데 반해 수업 시간이 독토글인 아이들의 변화는 일시적 상승 후 수평 유지형으로 일관했다.

일주일에 한두 회 한 시간 수업만으로 아이들의 변화와 성장은 무리다. 어느 분야에서든 능숙해지려면 그에 걸맞은 시간 투자를 해야 한다. 생활의 달인들은 타고난 재능으로 능력자가 된 게 아니다. 매일 많은 시간을 투자하며 노력한 결과, 달인이 된 것이다. 누구나 포기하지 않고 매일 노력하면 그 분야에서 달인이 될 수 있다. 일상교육은 시간 투자의 법칙에서 벗어나지 않는다. 4년 동안 일주일에 한 번, 한 시간 수업받은 이이들과 매일 독토글을 일상에 녹여 조금씩 한 아이는 시간이 쌓일수록 그 효과가 천지 차이였다. 독토글 공부는 매일 할 때 일상에서 가장 큰 효과를 본다.

독토글은 세 가지 활동이 아닌 하나의 활동인데, 혼자 공부하기란 현실적으로 쉽지는 않다. 독서는 다른 학원 공부 시간에 밀리고, 토론은 같이할 상대가 없어 못 하고, 글쓰기는 하기 싫어 밀린다. 영어, 수학은 하기 싫어도 의자에 엉덩이 딱 붙이고 앉아 외우고 풀면 성적 향상에 효과가 바로 나타난다. 하지만 글쓰기는 외우고 형식에 맞춰 쓴다고 효과가 바로 나타나지 않는다. 무엇보다 하기 싫은데 억지로 하다 보면 결국 절연하게 된다.

초등 독토글은 형식과 기술 없이 하는 공부인 만큼 자유롭게 해야 하기에 일상교육이어야 한다. 교육은 그 분야의 자격증을 바탕으로 한 자격이 필요하지만, 엄마와 함께하는 독토글은 자율을 허용할 수 있는 자격이면 충분하기에 엄마 자체가 완벽한 자격요건이다.

지도받는 시간이 많다는 건 길드는 시간이 많다는 것이다. 독토글도 지도를 받으면 그 스타일에 맞게 길든다. 초등 독토글은 일상에서 자유롭게 자기의 스타일을 만들어가면 된다.

　독토글을 할 때 엄마는 가르치는 교사가 아닌, 함께 배우는 존재가 되어야 한다. 독토글로 배우고 깨닫게 된 것을 서로 나누며 생각을 키우는 학습 동료가 되어주는 거다.

　엄마와 함께하는 일상교육에는 전문 자격이 필요 없다. 엄마라는 자격이면 된다. 엄마의 품에서 안전하고 편안하게 자기를 드러낼 수 있도록 가르치지 말고 훈계하지 말고 규칙화하지 말고 일상의 시간만 확보해주면 된다. 이 책에 소개된 내용을 참고로 각 가정에 맞게 독토글의 문화를 형성해가면 된다.

　거듭 말하지만 독토글은 형식에 얽매이지 않는다. 독토글의 목적은 자율적으로, 자발적으로 즐기는 것이다. 아무리 좋은 형식이라도 초등 독토글에서는 억압이고 통제다. 독토글에서 형식은 자기를 가두는 틀이 되기 때문이다.

## 영혼을 가꾸는 독서의 힘

책과의 인연이 닿기 전에는 현실 세계가 전부인 줄 알았다. 보이는 것조차 제대로 보지 못하고 살았으니 영혼이 빈곤하여 기아 상태이다시피 했다. 영혼은 욕망에 가려져 우울, 불안, 원망을 반복하며 존재감을 잃고 있었다. 영혼의 세계가 있다는 것을 알게 된 순간, 내 영혼의 상태를 알게 된 순간부터 걸신들린 듯 읽었다. 책 속 내 처지와 비슷한 사람들의 처지만으로도 위안이 되었다. 외롭고 불안한 영혼의 빈곤 문제가 나 혼자만의 문제가 아닌 데서 오는 위안에 허기를 달랬다. 책에 머물러 있는 동안 내 영혼은 평온, 열정, 위로, 즐거움, 연민, 본질이라는 언어와 교류했다. 언어의 주술적인 힘에 이끌려 내 삶이 점점 더 나은 방향으로 흐르고 있었다.

작가들의 언어에는 인간의 삶을 더 나은 곳으로 흐르도록 돕는 주술적 힘이 있다. 과학적인 설명이 아니어도 우리는 그동안 삶의 경험을 통해 주술적인 언어의 힘을 경험했다. 부모와 더불어 교사, 멘토, 선배 들의 말 한마디가 삶에 미친 영향을 알고 있다. 그 사람의 언어를 분석하면 영혼의 행복 빈도를 알게 된다. 나는 교육 현장에서 해가 갈수록 영혼이 불안한 아이들이 늘어나고 있음을 보았다. 영혼이 불안하면 언어도 불안하다. 언어가 거칠거나 힘이 없거나 어느 쪽이든 불안하다.

엄마가 되기 전에 책을 읽게 된 것은 자녀의 운을 좋은 방향으로 흐르게 하는, 나에게는 일종의 '행운 득템'이나 다름없었다. 나의 어린 영혼이 불안했던 것은 내 잘못이 아니지만, 딸아이의 어린 영혼이 불안한 것은 내 잘못임을 알았다. 영혼이 풍요로울 수 있도록 독토글 공부에 전념할 수 있었던 것은 책이 나에게 준 행운이다. 책에는 인생을 좋은 방향으로 바꾸는 주술적인 힘이 있다. 책은 엄마로서 건강한 영혼을 가꾸도록 안내해주었고, 엄마의 영혼이 건강해지니 아이의 영혼 또한 건강해지도록 도울 수 있었다. 영혼이 건강해지면 자기 인생을 좋은 방향으로 운용하게 된다.

영혼은 전염력이 강하다. 특히 환경에 영향을 받고 모방하기 쉬운 10대 청소년들에게 더 그렇다. '친구 따라 강남 간다'는 말이 있다. 10대 청소년기에 가장 걱정되는 건 친구 문제다. 아직 분별력이 온전하지 않은 청소년기에 어떤 친구들과 관계를 맺느냐는 인생에 큰 영향을 미친다. 부모뿐만 아니라 청소년 자신들도 친구 문제로 가장 많은 고민을 한다. 어떤 친구를 만나느냐를 떠나 친구가 있느냐 없느냐의 문제로 고민한다.

딸아이 또한 초등기 6년의 학교생활을 하면서 가장 걱정했고 민감해했던 문제가 바로 친구 문제였다. 딸아이는 친구와 관계 맺기가 서툴러 학년 초에는 늘 혼자였다. 어느 해에는 1년 동안 혼자였을 때도 있다. 학년이 바뀔 때마다 반복되는 친구 맺기의 서투름은 엄마인 나에게 가장 큰 걱정이었다. 친구를 만나는 곳이 학교뿐인데, 그곳에서 느끼는 아이의 외로움이 나의 외로움처럼 느껴졌다. 영혼이 건강해도 자녀의 외로움 앞에서 흔들리는 건 어쩌지 못한다. 친구가 없는 외로움을 엄마가 대신 채워줄 방법이란 딱히 없다. 사실, 친구 맺기에 서툰 것은 나의 문제이기도 하다. 나는 인간관계를 맺는 일에 소극적인 데다 서툴다. 나의 성향을 닮은 듯해서 미안했고, 내 청소년기의 외로움이 투영되어 아프기도 했다.

그러나 지금은 혼자 있어도 괜찮다. 행복하다. 내가 혼자 있어도 외롭지 않은 까닭은 독서 때문이다. 나는 혼자 있지만 혼자가 아니다. 늘 나 자신과 연결되어 있다. 책을 통해, 글쓰기를 통해 나 자신과 연결하고 있으니 혼자 있어도 행복하다. 내 영혼의 행복이 딸아이에게도 전염되기를 바랐다. 그게 엄마가 도울 수 있는 최선의 방법이었다. 다행히 딸아이도 책을 통해, 글쓰기를 통해 혼자 있는 시간을 잘 견뎌냈다.

딸아이는 학기 초에 도서관을 갔다. 특히 점심시간에는 혼자 있어야 하는 시간이 길어 도서관을 간다고 했다. 도서관에서 책을 읽는 순간의 즐거움에 빠져 외롭지 않다고 했다. 학교에는 책이 있고, 집에 오면 대화 나눌 엄마가 있으니 괜찮다고 했다. 자신의 삶을 유지하며 학교생활을 하다가 마음이 통하는 친구를 만날 때도 있었다. 영혼이 같은 극끼리 친구 무리를 만들게 되니 친구 따라 강남 갈 걱정은 없다. 영혼이 불안하여 방황하는 친구들을 만나는 것보다 차라리 책을 읽으며 나 홀로 행복을 즐길 줄 아는 것이 더 낫다.

중학생이 된 3월에도 딸아이의 고민거리는 친구 문제였다. 같은 반에 마음을 나눌 친구가 없어 도서관으로 간단다. 친구가 없는 것이 외로운 게 아니라 자기와 영혼이 비슷한 친구, 즉 소울메이트 상대가 없는 게 슬프다고 했다. 보이는 현실 세계를 넘어 영혼의 세계를 본다는 것만으로도 독서 공부 효과로 충분하다. 딸아이도 작가의 주술적인 언어의 힘에 이끌려 자기 인생을 좋은 방향으로 운용하는 중이다. 영혼이 살아 있다는 것은 계속 성장 중이라는 뜻이다. 내가 수많은 양서와 인연을 맺고 좋은 방향으로 삶을 살아가면서 영혼 또한 성장시켜가듯, 그 양서들이 딸아이에게도 좋은 친구이자 소울메이트가 돼주리라 믿는다.

인생살이에서 문제는 늘 존재한다. 그 문제들로 말미암아 영혼이 흔들리거나 우울해지지 않도록 단단한 위로가 되어줄 친구를 사귀는 것도 물론 중요하다. 초등학교 6년의 기간을 통해 독토글을 인생의 친구로 단단하게 관계 맺은 딸아이가 어느덧 중학생이 되니 든든할 따름이다. 그 이후의 삶 또한 물론 잘 운용하리라 믿는다. 나의 마흔일곱 인생에 든든한 도반이 책이듯 그 누구의 인생에도 책은 영혼의 동반자가 될 수 있다.

　부모가 필요한 10대지만 친구 문제에서만큼은 부모가 해줄 게 딱히 없다. 자녀는 친구 문제로 위로는 받고 싶지만 간섭하는 것은 거부한다. 부모의 위로는 간섭이 될 가능성이 크다. 부모가 나서서 친구를 만들어주려 하거나 만드는 방법을 알려주려 하기 때문이다.

　딸아이에게 친구를 만들어주려 노력한 초등학교 1학년 때 그 한 해를 보내고 친구 문제는 부모의 노력으로 해결할 수 있는 영역이 아님을 깨달았다. 좋은 친구를 사귀는 방법은 자신이 좋은 영혼을 가진 사람이 되는 것뿐이다.

　딸아이가 친구 생일잔치에 초대받지 못해 슬퍼하던 날, 친구들과 그 엄마들이 무리 지어 키즈 카페 가는 모습을 부럽게 바라보던 날, 놀이터에서 친한 집끼리 삼삼오오 모여 간식을 먹으며 즐겁게 노는 모습을 지켜보던 날, 나는 딸아이를 가슴에 품어 안고는 책을 읽어주었다. 딸이 원한다면 도서관이나 서점을 같이 가주었다. 책이 위로가 되어주고, 친구가 되어줄 수 있다는 걸 느끼게 해주었다. 친구 사귀는 방법을 가르치는 것보다 더 큰 위로이자 의지가 될 테니까.

　그리고 수시로 들려준 이야기가 있다. 그것은 빌 게이츠, 토머스 에디슨, 오프라 윈프리, 조앤 롤링 등 독서와 글쓰기로 인생을 바꾼 사람들의 이야기였다.

　친구를 인위적으로 만들어주려는 노력보다 외로움과 고난을 극복하고 세상에 선한 영향을 미치는 사람들의 이야기를 접하게 하는 게 더 낫다. 그러한 롤 모델 사례를 통해 스스로 의지를 키우게 된다. 초등기

6년은 부모의 보호와 위로가 영향을 미치는 시기이자 자기 삶의 문제를 풀어갈 지혜를 터득하고 영혼을 건강히 단련하는 시기이다.

# 엄마 노릇은 할 수 있을 때

10대 청소년인 딸아이가 뽑은 가장 하기 어려운 일은 '자식 노릇'이다. 10대 청소년이 빨리 어른이 되고 싶은 이유는 딱 하나다. 어른이 되면 부모처럼 마음대로 할 수 있을 거라는 것! 아무리 존중으로 자녀를 키우더라도 자녀 입장에서는 '부모는 갑, 자식은 을'이라고 생각한다.

자녀가 자식 노릇을, 엄마가 엄마 노릇을 화기애애하게 할 수 있는 건 초등기 6년까지다. 부모 자식의 관계는 혈연으로 맺어진 운명인지라 끝이 없긴 하지만 아무래도 서로에게 가장 많은 영향을 주고받는 시기는 초등기 때다.

자녀가 중학생이 되면 엄마 노릇은 단순해진다. 그전에는 엄마가 주고 싶은 건 무엇이든 다 줄 수 있었다. 하지만 중학생이 된 후에는 아무리 좋은 거라도 자녀가 원하는 것만, 원할 때만, 원하는 만큼만 줄 수 있다. 부모가 주고 싶은 것과 사춘기 자녀가 원하는 것은 일치하지 않게 마련이다. 사춘기 자녀는 부모의 무관심과 보이지 않는 조건 없는 사랑을 원한다. 초등기 자녀는 엄마의 권위로 설득이 쉽지만, 사춘기 자녀의 귀는 친구들에게만 열려 있다. 엄마의 공부하라는 소리, 책 읽으라는 소리, 정리 정돈하라는 소리가 들리는 것은 초등기 때까지다.

중학생이 된 자녀는 전폭적인 엄마 노릇을 원하지 않는다. 심지어 함께 있는 것도 귀찮아한다. 가족 여행, 가족 외식, 가족 대화 등 함께하던 것들의 빈도가 서서히 줄어든다. 엄마는 말없이 식사를 챙기고, 교복을 다림질해주고, 기본적으로 필요한 것 몇 가지만 거들어주면 된다. 자녀가 원하는 엄마 노릇은 단순한 노동 정도다. 아무리 훌륭한 인생 이야기, 지혜로운 조언이라도 엄마 노릇을 통해 들어가면 잔소리가 된다.

이러한 양상은 공부 영역에서도 마찬가지다. 공부의 종류와 방법을 떠나 공부 자체가 자기 동기 없이는 잘되지 않는다. 초등학생일 때는 동기부여가 쉽지만, 중학생이 되면 자기 동기에 의해서만 움직이려 한다. 그렇다고 하여 사춘기 중학생 때부터는 엄마 노릇을 포기해야 한다는 건 아니다. 지혜로운 멘토의 역할을 하는 엄마가 되어야 한다. 이를 위해서는 그에 걸맞은 내공이 있어야 하겠지만 말이다.

결국은 엄마 노릇을 전폭적으로 할 수 있을 때 미리미리 독토글을 해야 한다는 말이다. 초등기 때 엄마 노릇은 멘토 되어주기, 독서 습관 만들어주기가 최고이며 최선이다. 그런데 현실적으로 엄마는 아이러니하게도 엄마라서 멘토 역할을 해주기란 녹록지 않다. 자녀에게 엄마의 조언은 잔소리가 되기 십상이니까. 아빠가 멘토 역할을 해주면 더없이 좋겠지만, 이 또한 쉽지 않다. 엄마는 정서적 지지자, 아빠는 영혼의 멘토가 되어주는 게 가장 이상적이지만 현실적으로 쉽지 않다. 이를 위한 가장 쉬운 방법이 가족 독서다. 엄마, 아빠가 독서를 하는 집은 특별히 노력하지 않아도 부모 노릇을 잘한다. 독서를 실천하는 게 부모 노릇의 전부라고 해도 과언이 아니다. 그만큼 독서가 최선의 방법이다. 독서가 선행되면 토론과 글쓰기는 자연스레 따라오게 마련이다.

거듭 말하지만 엄마 노릇이 통할 때 독서를 최선의 공부로 삼아야 한다. 사춘기 이후, 엄마 노릇이 통하지 않을 때 거부감 없이 위로와 멘토가 되어줄 것은 책이다. 독서가들이 책을 인생 지도, 인생 나침반, 인생 내비게이션이라고 한다. 그 이유는 '책 속에 길이 있다'를 경험했기 때문이다. 중학생이 된 딸아이는 독서를 통해, 친구 문제와 자기 인생 문제를 해결하려면 인간의 심리와 역사를 알아야 한다는 지혜를 얻었다. 폴커 키츠의 《마음의 법칙》을 읽은 후 또 다른 책 《심리학 나 좀 구해줘》, 《마음이 마음대로 안 되는 사람들의 심리학》을 찾아 읽는다. 사토 다쓰야의 《세계 심리학 필독서 30》도 찾아 읽는다. 그렇게 책을 통해 자기 인생길을 걸어가고 있다. 10대 청소년이 인생을 다양하게 접할 방법으로 독서만 한 게 없다. 딸아이의 심리학 경험이 어떤 길을 열어줄지 아무도 모른다. 그것이 인생이다. 엄마 노릇을 할 수 있을 때 독서 습관을 들이도록 도운 게 나의 가장 큰 보람이다.

마흔 후반의 엄마인 나 또한 책을 멘토 삼아 길을 묻는 중이다. 엄마로서, 김하영이라는 한 개인으로서 인생길을 가는 데 책의 도움을 많이 받고 있다. '엄마로서의 나'는 나의 일부이지 전부가 아니기에 그런 나를 찾으러 다니며 시간과 돈을 낭비하지 않을 것이다. 마찬가지로 딸아이 또한 '공부하는 학생으로서의 나'가 자신의 일부이지 전부가 아님을 알고 청소년기, 그 찬란한 10대를 만끽했으면 좋겠다.

초등기 때 엄마 노릇은 즐겁게 독서하는 습관 들이기를 유도하는 것이다. 사춘기 소녀 때의 엄마 노릇은? 자녀의 인생 멘토가 되어주는 책들의 쓴 작가들에게 진심으로 감사하기면 족하지 싶다.

독서를 즐기는 자녀를 둔 엄마는 할 엄마 노릇이 거의 없다. 엄마 노릇으로 할 만한 것은 원하는 책 구해주기 정도다. 초등기 때는 직접 구입하는 것이 독서 재미를 더하므로 서점에 곧잘 가지만, 사춘기 때는 몸 움직이는 것조차 귀찮아하기에 구입을 부탁한다. 초등기 때는 즐겁게 도서관 갈 시간이 있지만, 중학생이 되면 도서관에 갈 시간이 없어 대출을 부탁한다. 시간이 있다면 1분이라도 더 잠을 자야 한다면서.

자녀가 할 수 있는 것은 자녀 스스로 시간을 쓰고, 부모가 대신해줄 수 있는 것은 부모 시간을 써주면 된다. 엄마 노릇이 통할 때 독서 습관을 들여주면, 그 이후의 삶은 알아서 책을 등불 삼아 길을 찾아 나아간다. 필요한 책을 구입해주거나 대출해주는 정도로 엄마 노릇이 단순해진다. 엄마 노릇이 통하는 초등기 때 독서 습관을 들여놓은 엄마의 여유다.

# Chapter 2

★

# 초등 독서,
# 독서법에서 벗어나
# 삶과 연결하라

# 스스로 크는 아이, 책 권하는 엄마

20년 남짓 유아교육 현장에서 부모가 자녀에게 미치는 영향을 눈으로 직접 보았다. 부모교육 전문 강사로서 나는 많은 부모와 소통의 시간을 가졌다. 이 과정에서 학자들이 연구하고 증명해놓은 이론들을 내 눈으로 확인하고 검증했다. 이를 통해 부모교육의 중요성을 더 절실히 깨달았다. 직장인 엄마가 아닌 엄마가 직업인 전업 엄마의 경력은 엄마들의 현실적 마음을 직접 경험하게 해 '나'를 성숙한 어른 엄마로 키웠다.

유아교육자로서 직장인 엄마, 전업 엄마 경력을 합치면 20년이 훌쩍 넘어선다. 그 세월 속에서 깨달은 지혜는 '부모 역할은 자녀를 잘 키우는 게 아니라 자녀 스스로 잘 크도록 돕는 것이다'라는 것이다. 자녀를 잘 키우려는 욕심이 클수록 엄마 마음은 불안으로 가득하고, 그 불안은 자녀에게 화를 뿜게 하거나 엄마 자신을 비하하게 하여 우울하게 만든다.

부모는 부모로서의 자신을 키우고, 자녀 또한 자신을 키울 수 있도록 도와야 한다. 유아기까지는 부모를 절대적으로 의지하지만, 초등기부터는 서서히 부모의 보호를 부끄러워하고 잔소리와 가르침을 감옥이라 여긴다. 유아기는 자립의 씨앗이 되는 자존감을 준비하는 시기라면, 초등기는 자존감을 키우고 자기 세계를 탐험하며 자립을 준비하는 시기다. 자력, 자기 결정, 자기 생각, 자기 공간, 자기 시간, 자기 또래 친구 등 자기 세계를 탐험할 시간이 필요하다. 그런데 부모는 보호와 사랑이라는 명분으로 '자기'를 잡아 쥐고 자립을 방해한다. 자녀가 실수와 실패를 통해 자기 삶을 사는 것을 불안해한다.

중·고등학생들에게 "학원을 왜 가느냐? 공부를 왜 하느냐?" 물으면 대개 "엄마가 하라고 해서요" 혹은 "그냥이요"라고 답한다. 심지어 대답을 못하는 아이도 있다. 언어는 존재의 집이라고 했다. 아이들의 언어에서 그들이 어떻게 존재하는지를 알게 된다. 아이들의 대답은 자기 자신으로 존재하고 있는가에 대해 생각하게 한다. 자기 삶에 작은 일상에서조차 자기를 사유하지 않는다는 것은 자기 자신으로 존재하지 않음을 뜻한다. 한나 아렌트는 저서 《예루살렘의 아이히만》에서 이렇게 말한다.

'자기가 무엇을 하고 있는지 결코 깨닫지 못하는 무사유가, 인간 속에 존재하는 모든 악을 합친 것보다 더 많은 대파멸을 가져올 수 있다. 이것이 사실상 예루살렘에서 배울 수 있는 교훈이었다.'

무지는 죄가 아니지만, 무사유는 명백한 유죄라고 했다. 자기가 무엇을 하고 있는지 깨닫지 못하는 무사유의 아이들로 길들이고 있지 않은가. 영아기 아이들이 돈을 내지 않고 덥석 빵을 집어서 나오는 행동을 비도덕적이라 판단하지 않지만, 초등기 아이들이 그렇게 하면 명백한 비도덕적 행동이 된다. 초등학생은 돈을 내지 않고 물건을 가지고 나오는 것은 훔치는 행동임을 알고 있기 때문이다. 초등학교 입학 연령이 8세인 것은 뇌의 발달학적으로 그 정도는 생각할 수 있을 때라서다. 자기중심적 사고에서 벗어나 사회적 사고가 가능할 때이다. 초등학교 입학은 사회 속에 개인으로 존재하기 위해 사유의 시작을 알리는 행사다.

아이들은 부모가 조작하는 데로 움직이는 로봇이 아니다. 부모 역할은 조작, 명령, 강요, 강제, 억압, 주입 등의 사유하지 않는 수동적 인간으로 길들이기를 하는 것이 아니다.

사유하지 않는 인간은 자립할 수 없다. 2019년 한국 영화 100년 역사상 최초로 칸영화제 황금종려상을 받은 영화 〈기생충〉을 본 당시 초등학교 4학년짜리 딸아이와 기생과 자생에 대한 이야기를 나누었다. 그때 딸아이는 자발적 과외가 아니라 부모에 의한 과외는 공부의 기생이며 공부조차 기생하는 현실을 비판했다. '어린아이가 무슨 생각을 하겠어?', '애가 뭘 알겠어?' 하는 식의 생각을 품고 자녀와 대화하지 않는 것은 사유할 교육 기회를 빼앗는 것이다. 다섯 살이면 다섯 살에 맞게, 열 살이면 열 살에 맞게 사유할 수 있어야 한다. 독토글을 하는 아이들은 어른보다 더 깊고 넓게 사유한다. 우리가 읽는 것은 앎이 되고, 이를 바탕으로 한 대화는 생각을 활짝 피우고, 글쓰기는 그것들이 내면에 침잠하여 사유하게 한다.

요컨대 자기 세계를 탐험하며 사유하는 힘과 스스로 자신을 키워내는 힘의 원천이 독토글이다. 엄마인 나도 독토글 관련 교육을 받지 못했기에 자녀한테 그 교육을 어떻게 해야 할지 막막하고 두려웠다. 하지만 많은 거인의 지혜를 빌려 자녀와 함께 우리 자신을 키워가고 있다. '한 아이를 키우는 데 온 마을이 필요하다'라는 격언이 알려준 데로 혼자 키우면 나만큼만 자라겠다 싶어 '세계의 거인들과 함께 키우기'를 선택했다. 나는 믿는다. 책을 만나게 해주는 것만으로도 자기 삶과 사유의 문이 열린다는 것을 말이다.

부모는 자녀의 관심과 고민이 무엇인지 관찰하고 그에 따른 관련 책을 마련해주기만 하면 된다.

딸아이가 열 살 때, 가장 큰 고민은 키가 작은 거였다. 키는 유전이라는 과학적 설명이 아이에게 위로가 되지 않았다. 키를 키우기 위해 줄넘기를 하고 잠을 일찍 자고 칼슘을 먹어야 한다는 이론적 지식이 위로가 되지 않았다. 키는 부모가 해결해줄 수 없는 문제였으므로 나는 그저 딸에게 110센티미터 작은 거인 이지영의《불편하지만 불가능은 아니다》와 호아킴 데 포사다의《난쟁이 피터》두 권의 책을 곁에 놓아주었다. 이 두 책이 열 살짜리 아이의 고민을 해결해주었다. 딸아이는 인간이 살아가는 데 키보다 더 중요한 것이 있다는 걸 알았고, 그것이 무엇인지를 스스로 생각할 기회를 가졌다.

열두 살이 된 딸아이의 관심사는 판타지 세계였다. 그래서 나는 우에하시 나호코의 작품인 수호자 시리즈를 놓아주었다. 딸아이는 일본 문학에 매력을 느꼈다며 히가시노 게이고의 추리소설로 관심이 확장되었고, 그의 문학 세계에 빠져 신나게 보냈다. 지금은 일본 문화에 빠져 일본 노래를 듣고 부르기를 좋아한다. 지난날 일본 식민 시대의 잔인함에는 분노하고 저항하지만, 일본이 왜 앞서는가에 대해 생각하며 산다.

《레 미제라블》을 읽은 아이는 배고픈 조카들을 위해 빵을 훔친 행동하나로 19년의 형을 살아야 하는 것이 정당한 건지 따져보다가 도덕성과 먹어야 하는 기본적 본능과의 관계에 관하여 깊이 생각했다.

나는 아이가 두려움과 설렘으로 한 발짝씩 자립을 향해 나아가는 데 힘이 될 책들을 권해준다. 교과서 수록도서, 초등학년별 필독서, 권장도서 등도 좋은 책이지만 그것들보다 더 좋은 건 엄마가 권하는 책이다. 누구보다 내 아이의 마음을 이해하면서 권하는 엄마표 권장도서이기 때문이다. 자녀의 관심을 알고 있는 엄마가 권하는 책은 가슴으로 읽게 마련이다. 책만 권하는 게 아니라 엄마의 사랑도 함께 권해진다.

아이들도 연령대마다 불안, 고민, 관심이 다르다. 어린아이 혼자 해결하기 버거운 삶의 문제들도 있다. 독서는 그것을 가볍게 풀어주기도 하고 갈 길을 비춰주기도 한다. 물론 이런 결과를 내기 위해서는 책에 대한 정보를 부모가 가지고 있어야 한다. 이것이 엄마가 초등기 6년을 독토글에 집중할 수밖에 없는 이유다.

나는 책을 마련해주면서 아이가 읽지 않는다고 강요하지 않았다. 자신에게 필요한 것은 스스로 찾아 나서야 하니까 말이다. 책과 인연이 될 수 있게 만남의 기회만 제공하는 것, 딱 거기까지만 관여했다. 어떤 책이 어떤 인연으로 아이의 삶에 영향을 줄지 모르니까.

확실히 초등기에는 책 권하는 엄마가 필요하다.

'그래 그래 너희 집엔 보석상자와 금궤

그래 그래 너희 집엔 대리석 층계와 아름다운 정원

그러나 그러나 우리 집에는 책 읽어주는 엄마가 있다.'

유아기에는 책 읽어주는 엄마, 초등기에는 책 권하는 엄마, 중등기 이후부터는 대화가 즐거운 엄마(책 읽는 엄마)가 가정의 보물이다.

# 독서지도 말고 즐거운 독서

부모들이 좋아하고 자녀들이 싫어하는 철학자는 누가 뭐래도 공자이지 싶다. 공자의 《논어》에서 가장 먼저 나오는 '학이시습지(學而時習之) 불역열호(不亦說乎)', 즉 '배우고 때로 익히면 또한 기쁘지 아니한가'라는 첫 구절 때문이다. 논어를 읽지 않은 부모들과 교사들조차도 아이들에게 가장 많이 인용하는 구절이다. 《논어》의 첫 구절인 이유는 가장 중요하기 때문이라는 강조까지 얹는다. 부모는 "이왕 하는 공부니까 기쁘게 하라"는 둥 "공부에도 때가 있으니 열심히 하라"는 둥 잔소리를 늘어놓는다. 자녀는 공부 없는 세상에 살고 싶은데 왜 자꾸 공부하라는 건지, 대체 어떤 방법으로 기쁘게 공부를 하라는 건지 짜증스러울 뿐이다.

나 또한 공부하기 싫어하는 아이에게 공자의 말을 인용하며 어차피 해야 할 일이라면 기쁘게 하라며 즐겨 잔소리했다. '공부만 하면 되는 학창 시절이 가장 편하고 행복할 때'라는 말도 자주 했다. 엄마가 살아보니 배우고 익히는 일이 세상에서 가장 쉽고 기쁜 일이라며 인생 이야기를 들려주었다.

일방적이고 지나친 부모의 공부 열정은 오히려 자녀가 공부를 싫어하게 만든다. 그래서 자녀들은 공자를 싫어한다. 부모가 공자를 버리면 자녀는 스스로 공자를 찾는다. 부모 역할을 잘 수행하고 싶다면 공자를 버리고 '말을 물가로 데려갈 수 있어도 물을 마시게 할 수 없다', '목마른 사람이 우물을 판다'는 속담을 마음에 들여야 한다. 이것이 부모 역할의 핵심이다.

지금 많은 부모가 가장 수질 좋은 물을 확인하고 가장 편안한 방법으로 '자녀님'들을 물가로 모시고 가 검증된 방법으로 그 물을 떠 입에 넣어드린다. 기실, 그토록 추종하는 공자의 '배우고 때때로 익히는 기쁨의 원리' 또한 자발성에 있다. 자발적으로 하는 일에는 어려워도 즐거움이 따른다. 자발성 없는 일에는 최고의 조건을 맞추어도 즐거움이 반드시 따르지 않는다.

나는 독토글의 중요성을 인식하고 딸아이에게 독토글 환경을 마련해주고자 독토글 관련 책을 찾아 읽었다. 초등교사들과 관련 지도사들이 쓴 책에는 갖가지 방법과 기술이 자세히 기록되어 있었다. 그 책들을 읽은 나의 '한줄평'은 이거였다.

'교사들만 지도할 수 있거나 교사들도 지도할 수 없다.'

독서는 학습이 아니다. 교사들의 지도가 있는 수업 활동은 말을 물가로 데려가는 부모들의 행동과 다를 바 없다. 아이들은 엄마 말보다 교사의 말을 더 잘 따르고 수업 시간에 공부로 하는 활동이니 잘 따라 할 테지만 부여되는 의미는 같다. 물을 마시게 하는 것과 물을 마시는 것의 차이는 배울 가치가 있는 것들을 가르치는 것과 자신이 배울 가치가 있는지 스스로 생각하는 것의 차이다. 쉽게 말해 스스로 배우고자 할 때 배우는 즐거움을 느낀다는 것이다. 아주 좋은 방법이었지만 독서가 학습이고 학습이 지도의 의미로 해석되니, 자발적으로 독토글 방법을 찾으려는 나에게는 답답하기 그지없었다. 독서의 자유를 갈망하는 나에게는 독서로 통제받는 느낌이었다.

'초등학교를 졸업하면서 독서도 졸업한다'는 말이 있다. '독서'를 지도하고 가르치는 학습으로 여기니 졸업하는 게 당연하다.

통상적으로 부모 역할은 한 살이라도 일찍 자녀의 재능을 찾아주고, 예컨대 공부 재능이 있으면 공부를 시키고 공부 재능이 없으면 소질을 찾아 밀어주어야 한단다. 부모 역할에 지도, 가르침, 주입식의 교육이 전제되어 있다. 공부도 독서도 재능도 가르치고 지도하려는 속성에서는 자발적으로 배우는 즐거움이 존재하지 않는다.

공부의 기술을 가르치는 부모, 독서를 학습하는 사회에 살고 있는 아이들의 마음을 들여다보자. 공부 경력이 쌓일수록 아이들 마음에는 불안이 커진다. 어른들은 공부를 강요하지만 정작 자신은 공부하기 싫다. 부모가 기대하는 공부만큼 못하니 공부 재능은 없는 듯하고 무엇을 해야 할지 불안감이 커진다. 어른들은 자녀의 공부 안부를 묻고 자녀 공부에 집중하는데, 정작 자신의 안부를 묻고 자신에게 집중하지 않는 사회에 홀로 세워진 외로움과 막막함에 불안하다. 부모와 교사는 즐겁게 공부하라 가르치지만 아이들의 마음에는 불안이 커지고 있다.

인생을 살아가는 데 상위권 성적은 필요하지 않지만 공부력은 필요하다. 대학을 꼭 가야 할 필요는 없지만 업은 있어야 한다. 인간에게 업은 기여, 생산, 창조라는 원초적 기쁨이기 때문이다. 어떤 업을 하더라도 공부력이 기본이다. 여기에서 공부력이란 배우는 데 필요한 인간의 역량 중에서 주도성, 자발성을 의미한다.

나는 초등기에 공부를 가르치지 않고 공부력을 키우는 데 집중했다. 독서를 가르치지 않고 독서력을 키우는 데 집중했다. '공부를 가르치다'를 '학원을 보내다'로 인식하는 부모들이 "책을 많이 읽는데 왜 독서 논술 학원을 안 보내느냐?"고 자주 물었다. 나는 그때마다 말했다. 초등기 독서는 가르치는 것이 아니라 자발적으로 즐겁게 해야 하는 것이라고. 초등기는 때때로 읽으면서 배우는 기쁨을 충분히 느껴도 불안하지 않은 시기다.

나는 좋은 독서 방법으로 지도하지 않았다. 공부 머리를 키운다는 독서법에 가두지 않았다. 독서 전 활동, 본 활동, 후 활동을 들이대지 않았다. 자발적으로 즐겁게 독서할 수 있도록 아무것도 가르치지 않았다.

딸아이는 예비 중학생 겨울방학 때 독서법에 관심을 가지고 스스로 찾아보았다. 세상에는 많은 독서법이 존재한다는 것에 놀라워했고, 그중 따라 해보고 싶은 독서법이 있다며 즐거워했다. 독서법에 자기를 맞추지 않고 자기에게 맞는 독서법을 따라 해보면서 자기만의 독서법을 만들어가는 과정을 즐기는 중이다. 독서법에 관하여 아무것도 가르치지 않은 덕분에 아이는 독서 졸업을 하지 않고 때때로 읽고 배우며 즐거워하고 있다.

해마다 수능 만점자들의 인터뷰를 챙겨 읽는다. 그리고 공부 잘하는 학생들이 쓴 책을 찾아 읽는다. 공부 잘하는 사람들의 공부법은 다양했지만, 그들에게 한 가지 공통점이 있었다. 바로 자기에게 집중한다는 것. 그들에게 독서란 성적을 올리는 수단이 아닌, 자기 즐거움의 일부였다.

아이들의 하루는 짜인 공부 계획대로 움직이는 데 쓰인다. 학교에서는 학교가 짜놓은 공부 시간에 맞추어 공부하고, 하교 후에는 부모가 짜놓은 공부 시간에 맞추어 공부한다. 자연스럽게 독서와는 멀어지는 환경이다. 독서마저 짜인 데로 읽고 생각하기 공부를 한다면 자기와 멀어진다. 자기에게 집중하지 못한다. 과연 자발적인 독서의 즐거움을 느낄 수나 있을까?

독서를 가르치려 늘지 말자. '독서토론논술'이라는 공부 하나를 추가하지 말자. 그저 독서할 시간을 확보해주자. 독서 시간 확보가 자발적 독서를 의미하지 않지만 기본조건이다. 많은 독서가의 의견을 들어본 바 자발적인 게 독서 의욕에 도움 된다. 부모들이 독서가들의 독서 이야기만 읽어주거나 자녀 수준에 맞는 책을 권해줘도 도움 된다.

유아기에는 독서 시간 확보를 위해 부모가 시간을 정해주면 되지만, 초등기에는 거래가 필요하다. 현재 하고 있는 공부 시간을 유지하면서 독서 시간을 추가하면 자녀 입장에서는 불공정거래가 된다. 공부 시간을 하나 빼내고 독서 시간을 넣어야 공정거래다. 독서 시간을 확보한 후에 공부 시간을 더 추가하는 방향으로 바꾸는 것도 도움 된다.

# 03
## 책을 읽지 않는 초등 자녀, 어떻게 할까?

독서의 중요성은 동서고금을 막론하고 끝없이 강조되고 있다. 독서가 인생에 어떻게 중요한지는 모르는 사람들도, 공부에 어떻게 중요한지는 모르는 사람들도 하여튼 독서가 중요하다는 것은 알고 있다. 문제는 중요성을 아는 만큼 독서하지 않는다는 데 있다.

왜 부모들은 독서하지 않으며, 자녀가 독서하지 않는 것을 대수롭지 않게 여기는 것일까? 영어, 수학 학원 하루 빼 먹으면 큰일이 되지만 독서 한 달하지 않아도 별일이 안 되는 것일까? 이 문제의 책임은 부모에게 있다. 부모가 책을 읽지 않아서다. 부모가 책을 읽어야 자녀가 책을 읽는다는 뻔한 진리를 말하려는 것이 아니다. 부모가 책을 읽지 않으면 독서의 중요성을 머리로만 알고 가슴으로 알지 못하기에 자녀에게 독서하라는 잔소리만 하게 된다. 잔소리 몇 번 하다가 이렇게 체념한다.

"우리 애늘은 책을 안 읽어⋯⋯."

머리가 앞서면 체념을 앞당기지만, 가슴이 앞서면 독서 열정을 살린다. 독서 덕분에 나의 삶은 풍요로워졌다. 행복해졌고 정신이 건강해졌고 성공적인 삶을 살게 되었다. 몸소 체험했으므로 나는 독서가 아이에게 물려줄 가장 큰 유산임을 확신했고, 그래서 사교육에도 흔들리지 않을 수 있었다.

이 책을 인연으로 독서하지 않던 부모라면 자녀와 함께 책 읽기를 시작해보길 바란다. 나름대로 책을 읽어온 부모라면 더 확신을 갖고 더 열심히 독서하는 계기가 되길 바란다. 부모 독서는 자녀 독서 열정을 끌어올리는 마중물이다. 그래서 독서가 삶에 어떤 중요한 힘을 미치는지를 부모가 먼저 가슴으로 느껴보라는 것이다.

부모들은 독서의 중요성을 인식하면서 왜 책을 읽지 않을까? 다양한 이유가 있겠지만 보편적인 이유들을 정리해보면 부모 노릇을 하느라 피곤하기 때문이며, 책 읽는 것을 좋아하지 않기 때문이며, 회사와 집안의 일로 시간이 없기 때문이며, 책 읽기로 삶이 바뀐다는 믿음이 없기 때문이라고 한다. 책을 읽지 않는 아이들의 이유도 부모와 같다. 학생 노릇을 하느라 피곤하기 때문이며, 공부하느라 시간이 없기 때문이며, 재미있지 않기 때문이며, 책 읽기가 성공 요소라는 믿음이 없기 때문이다.

우리의 목적은 책을 읽지 않는 원인을 아는 것이 아니라 책을 읽게 하는 것이다. 유아기에는 읽어주면 되지만, 초등기에는 논리적인 거래가 필요하기에 단순한 문제가 아니다. 먼저 오류를 제거하자. 부모는 독서의 중요성을 학습과 연결된 섬들만 잔소리 형식으로 말한다. 현실 상황을 예로 들면 책을 읽어야 시험문제를 이해하고 지문을 해석할 수 있으니 책 좀 읽으라고 한다. 독서를 시험, 학습, 공부와 연결하는 오류를 범하지 말자.

아이들이 시간이 없어서 책을 읽지 않는 것은 사실이다. 독서가 재미있어서 스스로 책을 찾아 읽을 때까지는 '게임 그만하고, 스마트폰 그만하고, 그만 놀고 책 좀 읽으라'는 잔소리는 아이들 논리에 맞지 않으니 하지 말자. 독서는 자기의 행복한 휴식 시간을 뺏는 골칫거리로 인식시키는 오류를 범하지 말자.

부모들의 언어가 독서 입문의 장벽이 되는 경우가 많다. "우리 애들은 책을 안 읽어" 하는 식으로 자녀 독서를 부정하는 언어를 쉽게 사용한다. 책을 안 읽는 게 사실이더라도 책 읽기를 싫어하는 아이라는 꼬리표를 붙여주는 오류를 범하지 말자.

재미가 없어서 안 읽는 것도 사실이다. 그나마 아이들이 재미있게 읽는 책은 만화책이다. '만화책은 책이 아니고 만화책 읽는 것은 독서가 아니다'는 만화 독서의 부정적 오류를 범하지 말자. 좋은 습관을 만들기 위해서는 습관을 만드는 데 방해되는 행동을 하지 않는 것이 먼저다. 우리가 쉽게 범하는 독서 오류들을 제거하고 그다음 어떻게 도와줄 것인지를 생각해보자.

첫 번째, 독서의 중요성을 인간의 삶과 연결하자.

'하루라도 책을 읽지 않으면 눈에 가시가 돋힌다'는 명언을 남길 만큼 독서가였던 안중근 의사는 사형 집행 전 집행관의 "마지막 소원이 무엇입니까?"라는 물음에 "오 분만 시간을 주십시오. 아직 책을 다 읽지 못했습니다"라고 했단다. 안중근 의사의 독서하는 삶에 대해 아이와 대화해본 후 그의 말과 함께 엄마의 독서 명언 '육체의 건강을 위해 매일 밥 먹듯 영혼의 건강을 위해 매일 책 밥을 먹는다'를 말해보자.

독서는 자기 인생의 열쇠다. 집 열쇠가 없으면 집으로 들어가지 못하고 차 열쇠가 없으면 차 안으로 들어가지 못하는 것처럼, 자기 인생의 열쇠가 없으면 자기 인생 안으로 들어가지 못한다. 늦어도 초등학생 때는 자기 인생의 열쇠를 알려주어야 한다.

두 번째, 재미있는 독서 활동이 되려면 관심 분야의 책을 자녀에게 노출시켜야 한다.

자녀마다 관심 분야가 다르다. 내 딸아이는 모험으로 가득한 판타지 소설을 좋아했다. 그래서 나는 도서관에서 판타지소설을 대출하여 거실 바닥에 깔아놓았다. 특히 시리즈는 책 읽는 재미에 빠져들게 했다. 다음 책을 읽고 싶어서 스스로 도서관을 가자고 재촉하는 일이 자연스럽게 일어났다.

엄마 또한 관심 분야의 책을 먼저 읽으면 재미가 생긴다. 요리 분야에 관심이 있거나 투자에 관심이 있거나 자녀교육에 관심이 있거나 운동에 관심이 있거나 그 무엇이든 좋고 나쁨은 없다. 학년별 권장도서나 필독서, 좋은 책 목록에서 벗어나 자기 관심 분야부터 시작하면 재미가 들게 된다.

상담하다 보면 만화를 읽어도 되는지, 추리소설을 읽어도 되는지, 로맨스소설을 읽어도 되는지 등등을 묻는 부모를 많이 만난다. 어떤 책을 읽는지는 걱정거리가 안 된다. 책을 안 읽는 것이 걱정거리다. 추리소설은 잔인성 때문에 위험하단다. 책을 안 읽는 게 더 위험하다. 초등기 때 책 읽기에서 가장 중요한 것은 재미다. 독서 행위가 재미있으면 읽게 되고 계속 읽다 보면 내용에 재미를 느낀다. 점점 재미있는 분야가 확장된다. 독서는 자기 확장을 가장 쉽게 일으키는 교육 활동이다.

세 번째, 한 달에 한 번 정도 온 가족이 서점에 가서 각자 읽고 싶은 책을 구입해본다.

부모는 돈 아낀다고 제외하거나 무작정 도서관 대출만 이용하지 않길 바란다. 지난달에 구입한 책을 완독하지 못했더라도 매달 가족 모두 서점 가기 행사를 하다 보면 독서가 체화된다. 구입한 책을 읽지 않는다 하여 아까운 마음에 잔소리하는 건 안 하는 것만 못하다. 잔소리보다 더 효과적인 건 구입한 책을 부모가 완독하는 모습을 몸소 보여주는 것이다. 자녀가 읽든 말든 상관하지 말고, 아무리 바빠도 완독해내는 부모의 모습을 보여주자. 그게 가장 좋은 본보기 잔소리다.

책을 고를 때 책 제목을 읽고, 책을 눈에 익히고, 많은 책 중에서 선택하는 것은 자기결정권의 충족이다. 구입하면 내 책이 되는 과정 모두가 교육이며 책과 친밀도를 형성하는 행위다. 서점 가족 행사는 책과 친밀도를 형성하기 위해서다. 친한 친구와는 재미있게 놀 수 있지만 낯선 친구와는 재미있게 놀기 어렵다. 재미있게 놀려면 먼저 친해져야 한다. 책과 친해지면 재미있게 읽는 단계로 쉽게 넘어갈 수 있다. 외식하듯 서점 외식을 하자. 외식할 때 잔소리하거나 음식을 남겼다고 잔소리하거나 먹기 싫은 음식을 억지로 먹으라고 강요하지 않을 때 즐거운 외식이 된다. 서점 외식도 마찬가지다. 외식은 남는 게 없지만, 서점 외식은 책이 남는다. 외식은 한 번만 먹을 수 있지만, 서점 외식은 두고두고 먹을 수 있고 가족끼리 돌려가며 먹을 수 있다.

외식을 평생 하듯, 서점 외식 또한 평생 하는 것이다. 한두 번으로 조급히 독서 습관을 들이려 하면 득보다 실이 많다. 횟수가 중요한 게 아니다. 재미있는 책을 한번 찾을 겸 즐거운 나들이로 가는 게 중요하다.

# 자기 삶을 경영하는 독서

부모들이 자녀교육에서 가장 우선시하며 핵심으로 두는 것은 주도성이다. 자녀가 부모에게 의존하지 않고 자기 삶을 스스로 살아가길 바란다. 자기가 좋아하는 일에 최선을 다하며 사는 것, 그게 행복이라고 가르친다. 급변하는 세상 속에서 흔들리지 않고 자기 질서를 유지하며 자기 삶을 살아가길 바란다. 부모도 세상도 우리 아이들에게 가장 필요한 것은 주도성이라 교육하고 있다. 그러나 교육의 목적과 현실은 배치되어 있으니, 우리 아이들에게 가장 부족한 것은 주도성이다. 무엇 때문일까? '주인은 자기결정권이 있으며 스스로 선택하고 책임을 질 수 있도록 자율성을 보장하고, 그게 자존감을 키운다는 것'을 혼동하여 교육하고 있다. 자율성과 방치는 다르고, 자율과 자기 마음대로는 다르고, 자존감과 욕망 충족은 다르다. 그런데 이를 같다고 혼동하는 데 원인이 있다.

어린 시절부터 나는 부모님의 방치 속에서 자랐다. 내 삶의 모든 것을 나 스스로 결정하고 책임져야 했다. 자율성은 독립적으로 살아갈 기회를 주지만, 안전한 울타리가 없다면 모든 건 그저 무섭고 두려운 것이 된다. 뿌리 약한 나무에게는 작은 바람조차 태풍이 되는 것처럼 말이다. 부모님 입장에서는 자율성을 준 것일 수 있겠으나 내 입장에서는 방치였을 뿐이다.

부모의 보호 없이 혼자서 한다고 독립심이 자라는 것은 아니다. 주도성은 자율성이 전제되어야 한다. 자율성은 마음대로이거나 욕구 충족이 아니라 성숙한 어른이라는 울타리 안에서 안전하게 뿌리 내린다.

주도성으로 자기 삶을 주체적이면서도 성숙하게 이끌어야 한다. 부모들은 자존감, 자율성, 자기결정권을 키우려 자녀가 원하는 것을 충족시켜준다. 주도성은 원하는 것의 충족이 아니라 성숙한 선택과 책임 그리고 문제해결을 의미한다. 자녀에게 선택권을 주지 못하는 것은 '성숙한' 선택을 할 수 없는 연령이기 때문이다. 자녀에게 삶의 주권을 주지 못하는 것 또한 아직은 성숙하지 못한 연령이기 때문이다. 성숙은 어느 날 갑자기, 혹은 나이를 먹어감에 따라 자동으로 이루어지지 않는다.

유아기에는 무조건적인 보호가 필요하고 초등기에는 안전한 울타리 역할을 해주는 부모, 스승, 책과 같은 성숙한 멘토의 생각이 필요하다. 아이들은 어른들의 성숙한 삶이라는 안전한 울타리 안에서 자유로울 수 있는 존재다. 안전한 울타리가 확인되지 않으면 자연히 불안장애, 결정장애를 갖게 된다.

나는 부모가 되었어도 전문 지식과 학벌은 있을지언정 성숙한 어른 공부를 하지 않았으므로 무학이나 다름없었다. 부모가 된 후에 독서로써 성숙한 어른 공부를 시작했다. 책에는 자기 내면으로 끌어 당기는 마법 같은 힘이 있다. 책에는 인간 그리고 인간에 관련한 모든 것이 기록되어 있다. 사람은 사람을 통해서 깨달으며 성숙해간다. 책과의 인연이 깊어질수록 자기 이해도 깊어진다. 자기 이해는 주도성의 씨앗이다. 자기 이해 없는 주도성을 우리는 주도성이라 하지 않는다. 그저 아집이라고 한다. 자기 이해가 깊어지면 좁은 의미로 친구관계, 넓은 의미로 사회관계 속에 자기 삶을 원만히 경영해 갈 수 있다.

그래서 지팡이를 지팡이라고 배우는 교육에 집착하지 않는다. 성숙한 어른 생각의 안전한 울타리 안에서, '부러져 바닥에 조각난 지팡이를 나무조각이구나' 또는 '아궁이 앞에서는 땔감이구나' 혹은 '등 긁을 때는 등긁이구나'를 자유롭게 삶의 눈치로 배우는 독서교육에 집중했다.

《데미안》과 《모모》를 처음 읽은 아이는 재미있지만 무슨 말인지는 모르겠다고 했다. 여러 책에서 소개된 《데미안》과 《모모》를 접할 때 다시 읽었다. 다시 읽어도 알쏭달쏭하다더니 6학년이 되자 《데미안》을 읽고 자기의 삶을 산다는 것에 대해, 《모모》를 읽고 시간의 소중함에 대해 생각했다. 이렇게 인간의 삶에 대해 성숙한 어른이 쓴 책이 안전한 울타리가 되어 자기 삶을 자유롭게 경영하도록 돕는다.

우리 모녀는 독서하면서 자기 삶을 어떻게 살 것인가를 철학하기 시작했다. 그렇게 실천하는 과정을 통해 성숙해져갔다. 성숙한 어른의 생각은 내가 살고 있는 지금이 괜찮은 것인지, 바꿔야 하는 것인지, 버려야 하는 것인지 기준이 되어주었다. 책 속 많은 멘토의 삶과 생각을 기준 삼아 현재 삶을 재조명하며 미래를 어떻게 살아가야 할지를 선택할 자기결정권의 힘을 키운다. 딸아이도 엄마처럼 책 속의 멘토들의 삶과 생각을 기준 삼아 자기 삶을 어떻게 살아야 할지를 생각하면서 선택하고 방향을 바꾸며 살아가고 있다. 초등기 6년 동안 독토글을 함께한 시간이 축적되면서 엄마와 아이 모두 주도성을 단단하게 키워냈다. 인생에 독서를 들이지 않았다면 여전히 부모를 원망하며 삶의 주권을 잃고 살았을 거다.

의무교육, 부모교육이 없던 옛날에는 어떻게 자녀교육을 했을까? 그 시절에는 지식교육이 아닌, 인성교육 중심이었다. 그 시절에 현인들이 쓴 책을 고전이라고 한다. 고전에 담긴 성숙한 어른들의 생각을 보고 듣기 위해 고전 독서를 시작했다. 자유롭게 책 읽기를 하는 틈에 중요한 것은 강제 읽기를 공부로 넣는다. 초등학교 1학년 때부터 하루 한 장, 한 문장 정도의 고전 읽기.

엄마가 고전을 읽을 독서력을 갖췄더라면 좋았을 테지만, 철학의 중요성을 알고 고전 읽기의 중요성을 아는 엄마일 뿐, 철학하는 엄마는 아니었다. 고전 전문가들이 쓴 책을 참고로 고전에 무지한 나 자신을 위한 고전 독서교육 로드맵을 수준에 맞춰 나름대로 만들었다.

독서교육에서는 전문가들의 좋은 정보를 머리에서 지워내야 했다. 그래야 나 자신의 독서를 즐길 수 있었기 때문이다.

아이의 독서 수준에서 시작했다. 어려운 것을 재미있게 적응하는 데는 만화책만 한 게 없다. 딸아이는 만화로 고전을 만났다. 만화책을 통해서는 불편해하거나 어색해하지 않았다. 오히려 재미있어했다. 그다음은 인문고전 동화로 만났다. 고전을 처음 접하는 마흔의 엄마 수준에도 만화 읽기 다음으로 인문고전 동화 읽기가 적합했다. 그다음은 어린이 고전을 읽었다. 고전은 원전으로 읽게 하라는 전문가들의 조언이 많았지만, 엄마의 독서 수준이 안되는 관계로 우리 수준에 맞게《어린이 사자소학》,《어린이 명심보감》,《어린이 논어》를 읽은 후 어린이가 빠진《논어》,《명상록》,《도덕경》,《격몽요결》을 읽었다. 어떤 고전을 읽느

냐보다 고전을 꾸준히 읽고 있느냐가 더 중요하다.

초등 고학년부터는 고전을 읽었다. 정리하면 '만화 → 인문고전 동화 → 어린이 고전 → 고전' 순서로 꾸준히 읽는 것이다.

고전을 고르는 기준은 따로 없었다. 많이 알려진 고전으로 특별한 순서 없이 마음이 가는 대로 읽었다. 하루 한 문장, 한 장은 부담 없이 읽을 수 있다. 꾸준히 읽는 힘은 시간이 지날수록 강해진다. 초등학교 6학년이 되니 정신적 성숙이 확연히 드러난다.

딸아이는 6학년 같은 반 친구 A에게서 같은 반을 한 적 있는 B가 자신을 험담한 이야기를 들었다. 그런 일을 겪은 뒤, 딸아이는 다른 사람을 나쁘게 말하는 사람들의 심리가 궁금해졌다는 말을 의연하게 했다. 내 일에는 냉정하지만, 아이 일에서만큼은 눈물 많은 나는 엄마로서 울컥한 마음을 짓누르며 "기분 괜찮으냐?"고 물었다. 딸아이는 《격몽요결》에서 본 바, 좋지 않은 사람이 자신을 험담하면 자기 행동을 스스로 생각해봐서 잘못한 일이라 판단되면 고치면 되고, 잘못된 소문을 퍼뜨리는 것이라면 상대하지 않고 피하면 된다 해서 그렇게 실행 중이라고 했다.

'격몽'은 '어리석음을 깨우치다'는 뜻이고, '요결'은 '중요한 비결'이라는 뜻이다. 《격몽요결》은 딸아이가 살아가는 데 중요한 깨우침이 되어주었다. '만약 딸아이가 의연하고 지혜롭게 대처하지 않고 원망하거나 노여움을 품고 있다면 엄마로서 어떻게 대응해줘야 했을까?'를 생각해보니 엄마가 더 노여움에 사로잡혀 그 사건들을 해석하고 있었지 싶다. 아직도 아이에게 자신의 어린 자아를 투영하며 사는 '어른 엄마'가 아닌, '어린아이 엄마'라서 그렇다. 여진히 니는 딸아이와 함께 독토글 공부로 어른 엄마가 되어가는 중이다.

이렇게 고전으로 주도적 인성교육을 하는 셈이다. 고전은 주도성을 키우는 데 기반이 되는 안전한 울타리 역할을 해주었다. 고전 이해가 서툴지라도, 고전을 완벽히 이해하지 못할지라도, 그래서 그 속도가 더 딜지라도 꾸준히 해나가는 것이 중요하다.

# 독서 플랫폼을 만들다

독서교육 관련 책 대개는 '독서를 좋아하는 아이는 집중력 · 이해력·어휘력·문해력·문장력 등 공부에 필요한 능력 수준이 높으며 수업 태도가 좋고, 공부를 잘하며, 학원에 다니지 않는다'라고 말한다. 독서교육 관련 책들을 읽은 후 '독서하는 아이는 공부도 잘하고 사회성도 좋은 완벽한 아이'로 인식하게 되었다.

초등 독서교육 관련 책들은 대개 초등학교 선생님이나 독서지도 관련 학원 선생님이 썼다. 그 책들에는 독서하는 학생의 학교생활 사례, 독서 효과 연구 사례, 독서로 성공한 사람들 사례가 소개되어 있는데, 이러한 것들이 신뢰를 높였다. 독서지도 방법도 자세하게 설명되어 있는 이 책들 덕분에 나는 '책을 많이 읽으면 공부도 잘하고 인성 바른 완벽한 아이로 키울 수 있다'는 희망으로 독서지도 방법에 맞춰 독서교육을 하려 했다.

나의 독서교육도 전문가들이 쓴 많은 책으로부터 시작했다. 사교육하지 않고 공부와 인성 두 마리 토끼를 다 잡아보자는 욕심으로 시작했음을 인정한다. 어릴 때부터 책을 많이 읽어주면 영재가 된다는데, 직장생활을 하느라 책 읽어줄 시간이 부족해서 영재가 된다는 시기를 놓쳤다.

딸아이가 일곱 살 때 직장을 그만두고 책 바다에 뛰어들었다. 이런 우리 가정의 상황을 아는 사람들은 딸아이에게 '책을 많이 읽는 아이'라는 꼬리표를 붙여주었다. 사람들의 인식 속에 딸아이는 책을 많이 읽어 똑똑한 아이였다. 초등기 6년 동안 여섯 분의 담임 선생님들과의 학교생활 상담을 통해 들은 바는 두 가지로 요약된다. 하나는 '책을 많이 읽어 배경지식이 많다'이다. 다른 하나는 '수업 시간에 손을 움직여 종이접기, 그림 그리기 등을 하거나 몸의 움직임이 많아 수업 태도가 바르지 않다'다.

독서교육을 시작한 초등기 초반에는 '왜 내 아이는 책에 소개된 사례의 아이들과 다를까?'를 많이 고민했다. 새 학년이 시작될 때 학력평가쯤의 시험을 통해 학습 부진 학생으로 분류된 적도 있다. 수업 태도와 사회성이 좋아야 마땅한데 담임 선생님과 친구 엄마들에게서 관계의 태도에 관한 부정적 소문을 듣기도 했다.

독서의 목적이 공부와 인성이 바른 책 속의 그 아이였으니, 정작 내 아이는 보이지 않았다. 독서지도 방법과 독서 목록에 내 아이를 맞추려니 점점 포기되면서 독서논술 학원으로 보내려는 마음에 아이러니하게도 내 아이를 제대로 보지 않았다. 그런데 독서가 이를 알아차리게 해주었다. 직장을 그만두고 시간을 많이 내어 아이와 함께 독서 바다에 빠져든 덕분이다. 독토글 관련 책뿐만 아니라 다양한 분야의 책을 읽고 직접 독토글을 실천하니 깨달음이 빨랐다. 독서교육 관련 책들 속 그 아이들과 지도 방법들을 다 지우고 오로지 내 아이에게 집중했다.

독서의 효과는 인정하지만, 책만 많이 읽는다고 공부를 잘하는 것이 아님을 명백히 깨달았다. 공부를 해야 공부를 잘한다. 독서와 공부를 함께해 나아갈 때 독서 효과가 공부에 영향을 미친다. 독서와 공부의 균형을 이루려니 시간이 여유로운 초등기라는 데도 시간이 부족했다. 학교 다녀와서 간식 먹고 엄마랑 대화 조금 나누고 친구들과 놀면 저녁시간이다. 저녁 먹은 후 6~7시부터 잠자기 전 9시까지 두세 시간에 공부하고 독서를 해야 하니 시간이 턱없이 부족하다. 그래서 독토글 공부를 중심으로 하고 영어, 수학은 하루에 한두 장 정도 학습 교재 풀기를 했다. 공부와 인성을 내려놓고 내 아이의 관심에 포커스를 두기 시작하면서 의도하지 않게 독서 플랫폼을 구축하게 되었다.

독서 플랫폼은 인생을 살아가는 데 어떤 삶이라도 가능하게 하는 '토대'다. 플랫폼은 원래 기차나 전철에서 승객들이 타고 내리는 승강장을 말한다. 오늘날에는 다양한 종류의 시스템을 가능하게 하는 자산·기술·노하우 같은 일종의 '토대'로 사용한다.

코로나19로 비대면 수업을 하게 되면서 학교 기능과 교육에 대한 문제점, 미디어중독 현상, 학습 격차와 학습 손실의 문제점들이 심각하게 논의된다. 유치원 아이들마저 미디어중독, 등원 거부, 집중력 저하, 인지발달 결함, 정서적 문제 등등 심각한 상황이 벌어지고 있다 한다.

이웃의 유치원 아이가 등원을 거부하며 떼쓰는 상황을 직접 본 적이 있다. 유치원 아이들의 등원 거부는 흔한 상황이지만 아이 부모는 요즘 부쩍 스마트폰을 사용하고 싶어 유치원 가기 싫다고 떼를 써서 애먹는다고 했다.

독서 플랫폼을 구축한 우리 집은 오히려 코로나19 덕분에 학습 문제로부터 자유로워졌다. 독서 플랫폼은 다양한 분야로 관심을 확장해주었다. 예컨대 5학년 때는 추리소설에 빠져 살았다. 비대면 수업 이후 시간은 주로 추리소설을 읽었다. 추리소설에 흠뻑 빠졌다가 나온 후에는 추리소설을 쓰기 위해서는 과학, 의학, 심리도 잘 알아야 한다는 걸 알았다고 했다. 독서 플랫폼의 필요성과 효과를 직접 경험한 셈이다. 지금은 추리소설에서 빠져나와 과학, 인체의학, 심리 분야로 관심을 확장하며 책을 찾아 읽고 있다. 특히 학교 과학 수업 시간에는 적극 참여하며 집에서 과학 공부를 한 번도 한 적이 없음에도 과학 단원평가는 대개 100점을 받는다. 독서 플랫폼은 다양한 관심거리를 만들어 스마트폰을 만질 시간이 없게 했다. 스마트폰을 스마트하게 사용해야 한다는 것도 알게 했다. 미디어중독은 자기 인생을 갉아먹는데, 잘못 사용한 미디어는 시간 잡아먹는 하마임을 알게 했다.

초등기 6년 동안 아이의 관심을 존중해주면서 그 관심을 확장하는 데 도움을 주려는 마음으로 나는 책을 권하고 대화를 권하는 정도의 역할만 했다.

초등기에 구축해놓은 플랫폼은 원하는 삶의 영위를 가능하게 하는 토대다.

우리 집 독토글 공부 내용은 어린이 신문 읽기(월~금 매일), 어린이 경제 신문 읽기(주 1회, 주말), 고전 읽기(하루 한 장, 월~금 매일), 초등·중학년까지 학교에서 배운 교과서 내용 설명하기, 초등학교 고학년부터 지식 책(백과, 정치, 사회, 경제, 예술, 역사 등)매일 원하는 만큼 읽기, 일기 쓰기, 생각 쓰기, 수시로 대화하기 정도다. 학교 공부는 초등학교 고학년이 되면서 국어 독해와 어휘 문제집 한 장, 영어 문법 한 장과 하루 한 문장 외우기, 수학 원리 한 장, 문제 풀이 한 장이다. 내용을 열거하고 보니 공부량이 많게 느껴지지만, 한 활동이 20분 정도이기에 많은 게 아니다.

독토글 공부를 하면 학원 다닐 시간이 없다. 독토글 공부에 집중하기도 시간이 부족하다. 부모 역할은 초등학교의 교육 방향을 어떻게 잡는 것이 좋을지 결정한 후 그에 맞게 시간을 사용하도록 도와주는 것이다. 간혹 자기 자녀들은 어린이 신문을 읽지 않아서 신문이 종이 재활용 용도라며 하소연하는 부모들이 있다. 이는 부모의 욕심으로 빼기 없이 더하기만 한 결과다. 기존 학원 공부와 집 공부를 유지하면서 또 하나의 신문 읽기 공부가 추가되면 자녀의 저항이 생긴다. 초등기에는 스스로 납득해야 실천이 가능하다.

독서 플랫폼이 구축된 아이는 공부의 방향을 자기 수준과 성향에 맞게 선택하고 실행할 줄 안다. 나는 아이가 초등학교 6학년이 된 이후부터 아이의 공부에 개입하지 않는다. 결정권이 없다. 딸아이가 스스로 알아서 불안해하지 않고 확고한 마음으로 하고 있기 때문이다. 딸아이의 공부 방향과 방법을 듣고 도움 될 것들에 의견을 내놓는 게 엄마 역할이 전부다. 독서 플랫폼 덕분에 도움을 청하는 부분에 협조자 역할만 하고 있다.

# 문장 사색가의 행복

"엄마, 정말 멋진 문장이에요."

딸아이는 책을 읽다가 가슴에 닿는 문장을 만나면 나를 찾는다. 문장의 힘을 아는 엄마는 딸아이의 외침에 감사하고 행복하다. 책 읽기를 시작했을 때는 문장을 사색한다는 것에 대한 의미를 몰랐다. 문장사색가들이 한 문장을 몇 년씩 사색한다는 이야기에 아무런 감흥이 없을뿐더러 어떻게 사색한다는 것인지, 왜 그런 건지 도무지 알 수 없었다. 인생의 훌륭한 스승이 되어주는 많은 문장을 눈으로 읽고, 가슴으로 읽고, 손으로 읽으면서 사색의 에너지를 직접 느꼈다.

문장에는 위대한 힘이 있다. 문장의 힘은 강력한 생명의 에너지다. 문장은 길을 걷다 넘어졌을 때 잡고 일어나도 괜찮다고 조건 없이 내밀어주는 따뜻한 손이다. 문장은 상처를 아물게 하는 연고다. 문장은 말하지 못하는 아픔에 은밀한 위로다. 문장은 함께 걸어주는 인생의 도반이다. 문장은 어두운 밤을 아름답게 수놓는 반딧불이다. 문장은 가슴에 품고 다니며 자신을 지킬 때 쓰는 든든한 은장도다. 문장은 사막의 오아시스다. 문장은 의지와 열정을 일으키는 풀무다.

문장이 머리에만 머물면 힘을 발휘하지 못한다. 눈으로 들어와 머리를 통과해 가슴에 머물 때까지는 읽기의 축적이 필요하다. 문장을 외우거나 문장 만들기나 문장력을 키우려는 어떤 지도도 필요 없다. 오히려 사색에는 방해가 된다. 문장이 눈에 들어오기까지는 많은 읽기 시간을 가진 후다. 문장이 머리에 머물 때는 초등학교 5학년 무렵이며 멋진 문장을 나누고자 하는 그 순간뿐이다. 초등학교 6학년 때쯤 가슴에 머물게 되면서 문장의 진짜 맛을 알기 시작한다.

이런 수준에 이르면서부터 아이는 자신의 삶을 적극적으로 살아간다. 문장이 가슴에 머물기 시작하면 그다음은 자연스럽게 삶으로 연결된다.

'집안이 나쁘다고 탓하지 말라. 나는 어려서 아버지를 잃고 고향에서 쫓겨났다. 가난하다고 말하지 말라. 나는 들쥐를 잡아먹으며 연명했다. 배운 게 없다고, 힘이 약하다고 탓하지 말라. 나는 글이라고는 내 이름도 쓸 줄 몰랐다. 그 대신 나는 남의 말에 항상 귀를 기울였고, 그런 내 귀는 나를 현명하게 가르쳤다.'

어느 날 이 칭기즈칸의 문장을 만난 딸아이는, 위대한 사람들은 생각이 다르다며 감탄했다. 자기는 좋은 집안, 좋은 부모, 넘치는 교육에서 자라고 있으니 감사하며 살아야겠다고 했다. 물론 문장과의 한 번 만남이 삶을 바꿔놓는 마법을 부리는 것처럼 행동이 급격히 달라지지는 않는다. 한 권의 책이 삶을 바꾼 이야기, 한 문장이 삶을 바꾼 이야기 뒤에는 그동안 읽어온 엄청난 책들이 있다.

4학년 때 즐겨 쓰던 노트 앞에는 딸아이가 적어놓은 문장이 있다. '꿈이 없는 사람은 슬프다. 그러나 꿈만 있는 사람은 더 슬프다.'

꿈은 행동으로 노력해야 이루어진다는 점을 가슴에 담은 아이의 그 이후 삶은 어떨까. 노력을 게을리하지 않을 것이다.

딸아이가 깊이 우려낸 차 한 잔 나누듯 문장 한 줄 나누고자 할 때는 하던 일을 멈추고 들어준다. 한 문장이 딸아이 가슴에 어떤 종류의 씨앗으로 뿌려졌는지 궁금해서다.

문장 하나에 생각을 주고받는 대화의 시간이다. 논쟁을 펼치듯 길게도 아니다. 짧게 서로의 감동을 나누고 생각을 나누는 데 단 몇 분이면 된다. 문장의 맛을 알면 자연스럽게 필사를 하게 된다. 문장을 붙들어주고 싶은 욕심이 발동하여 노트에 적게 된다. 이런 과정이 '독토글은 하나의 활동'임을 설명해준다. 만약 독토글 관련 책에 소개된 화려하고 좋은 방법으로 접근했더라면 우리 집에 독토글이 일상에 뿌리를 내리지 못했으리라. 초등 독토글은 일상에서 특별한 기술과 방법에 구애받지 않고 자유롭게 하는 정도면 충분하다.

문장을 가슴으로 만나는 아이는 삶이 행복하다. 문장이 행복하게 해주는 게 아니라 자발적으로 동기를 일으키며 살기 때문이다. 박물관, 기념관, 체험관을 가보면 정보를 읽히려는 부모와 읽지 않으려는 아이의 현실을 마주하게 된다. 아이들은 설명문이나 글을 읽기보다 실물을 눈으로 보고 지나간다. 체험 그 자체에 관심을 가진다. 대개의 아이는 설명을 듣거나 설명글을 읽기보다 체험에 관심을 가지지만 문장의 맛을 아는 아이는 읽기와 설명 듣기에도 관심을 가진다. 읽지 않는 아이들에게 하나라도 더 읽히려는 부모는 연신 "이리 와서 읽어봐" 한다. 심지어 부모의 마음을 외면하는 아이들을 붙잡고 부모가 읽어주고 설명해준다.

우리 가족도 이런 모습이 없진 않지만, 큰 차이가 있다면 쌍방이라는 점이다. 부모도 아이를 불러 대화를 요청하지만, 아이도 부모를 불러 대화를 나누고자 한다. 그리고 좋은 문장을 만나는 아이는 스마트폰에 옮겨 적는다. 사진을 찍으면 쉽지만 손가락을 움직여 기록한다. 누가 가르쳐준 방법이 아니라 가슴이 움직여 스스로 기록하게 한다.

현장 체험을 할 때 부모가 자녀의 마음을 알면 그 체험의 효과를 볼 수 있다. 아이들은 눈으로 읽기보다 영상 보기, 직접 체험하기, 실물 보기를 좋아한다. 어린 나이일수록 읽기보다 체험이다. 아이들의 욕구를 먼저 채워주는 게 중요하다. 나는 박물관에 가면 가장 먼저 해설 시간을 확인한다. 해설사의 설명 없이 관람하기는 익지 않은 풋과일을 먹는 것과 같다. 과일을 먹었지만 과일의 맛을 깊이 느끼지 못하면 다음에 그 과일을 먹고 싶어 하지 않는다.

해설 시간이 남아 있다면 아이에게 자유롭게 돌아보도록 한다. 자유의 권리를 존중해주기다. 자유롭게 돌아본 아이는 궁금한 것들이 생겨 해설 시간에 질문으로 해결하는 이점도 있다. 자유롭게 돌아본 아이는 해설사의 설명에 집중하고 질문하며 자기 탐구의 시간을 갖는다. 해설 시간이 끝나면 미처 보지 못한 것들을 각자의 방식으로 둘러본다. 아이가 더 둘러보기를 원하지 않으면 강요하거나 가르치지 않는다. 부모가 둘러보는 동안 기다려주기를 부탁한다. 문장 사색은 책에서만 이루어지는 게 아니다. 현장 체험에서 실물과 영상을 통해 선대의 삶을 이미지화하면서 만나는 문장들은 감흥이 크다.

읽지 않는 사람들은 식당에서도 도서관 계단에서도 산책길 계단에서도 만날 수 있는 문장과 인연을 맺지 않는다. 읽는 사람들은 가슴에 닿는 문장과 인연을 맺는다.

우리 가족은 식당 한구석에 쓰인 문장, 메뉴판을 읽고 대화를 나누기도 한다. 메뉴판 하나로 그 가게의 흥망을 점치기도 하고, "만약 우리가 가게를 운영한다면" 하며 가상 영업을 설계하기도 한다. 우리가 살고 있는 아파트 엘리베이터에 정기적으로 좋은 글이 게시된다. 읽기가 습관인 아이는 가슴에 닿는 문장과 인연을 맺는다.

'스스로에게 길을 묻고 스스로에게 길을 찾아라. 꿈을 찾는 것도 당신, 그 꿈으로 향한 길을 걸어가는 것도 당신의 두 다리, 새로운 날들의 주인은 바로 자신이다.'

딸아이는 엘리베이터에 게시된 글을 가슴과 스마트폰에 담아 와 노트에 필사하거나 나에게 읽어준다. 아이에게 일상 전체가 학교다.

문장을 가슴으로 만나는 사람은 하루하루가 설렘의 연속인데, 그만큼 희망적이고 열정적이다. 아이들이 머리를 처박다시피 한 채 풀고 있는 영어, 수학, 과학 문제에는 가슴 설레게 하는 문장이 없다. 독토글의 화려한 방법과 기술에도 가슴 설렘은 없다. 가슴은 자기 자신에게만 있다. 공부하지 말자는 게 아니라 독토글을 하자는 거다. 우리 모녀의 방법이 절대적으로 완벽한 것인지는 모르겠다. 우리는 그저 모든 곳에서 모든 것을 독토글로 자연스럽게 연결할 뿐이다.

　문장은 있는 그대로 존재에서 행복을 느끼게 한다. 삶의 이치를 받아들이게 한다.

　'도움받는 것을 기쁨으로 삼는 사람은 자기 존재를 불쌍하게 만드는 사람입니다. 베푸는 마음을 내는 것이 행복으로 가는 길입니다.'

　이 문장은 나의 빈곤한 마음을 풍요롭게 바꿔주었다. 나는 자신의 어렵고 힘든 상황을 알리면서 자신을 불쌍하게 여기도록 해서 도움받는 것을 기쁨으로 삼았던 사람이다. 영혼이 빈곤한 자신을 스스로 불쌍히 여기게 되니 베푸는 마음을 쓰게 되었다. 베풀수록 영혼이 풍요로워졌고 행복해졌다. 복을 짓는다는 말은 먼저 베풀어야 행복으로 돌아온다는 말이었음을 체험으로 배웠다.

　'자식을 키우는 동안 부모로서 이미 한없는 기쁨을 누렸습니다.'

　이 문장은 자녀에게 욕심을 비우도록 해주었다. 부모교육 강사로서 자녀를 잘 키워야 한다는 책임감과 욕심이 자리하니 자녀를 조종하려 하고 있었다. 자식을 키우는 동안 기쁨을 누리고 있으니 자식의 존재만으로 감사할 일만 하면 되는 건데 욕심이 과하고 있음을 반성한다. 이 문장이 떠오를 때마다 딸아이에게 "네가 엄마 딸이라 감사하고 행복해"라고 말하게 된다. 반대로 "네 엄마라서 감사하고 행복해"라고 말할 때마다 자식을 키우는 동안 부모로서 이미 한없는 기쁨을 누리고 있다는 문장을 상기하게 된다. 문장의 인연은 나의 삶을 한 뼘씩 성장시켰다. 성장은 존재의 행복과 비례한다.

　살면서 갈등하고 고민하고 분노하고 원망하고 우울할 때 문장들의 위로가 가장 큰 힘이 된다. 문장이 해결의 실마리를 던져준다. 엄마가 문장의 맛을 알면 자극점이 되어줄 수 있다.

엄마가 좋은 문장을 만나거나 좋은 문장으로 고민과 갈등을 해결한 상황을 이야기해주면서 "캬! 너무 좋은 문장이다" 하며 문장이 열쇠라는 듯 감탄해준다. 정보를 공유하듯이 문장을 공유한다. 엄마가 좋은 문장을 많이 알고 있으면 상황에 맞게 문장을 인용하여 인생 지혜를 들려줄 수 있다. 예컨대 이런 식으로 말이다.

"'하늘은 스스로 돕는 자를 돕는다'라는 말이 있어. 네가 그 일을 이루고 싶다면 간절한 마음으로 최선을 다하다 보면 사람들이 너를 도울 거야. 너도 간절한 마음으로 열심히 하는 사람을 보면 도와주고 싶은 것처럼 말이야."

어린아이들에게는 일상생활을 영위해가는 모든 일에 어른의 지혜가 필요할 때가 많다. 그럴 때 엄마가 슈퍼맨이 되어 일을 척척 해결해주기보다 스스로 해결해가는 데 지혜를 보태주면 어떨까. 해결해가는 과정이 인생이고, 그 과정에 인생의 참맛이 있다. 문장을 사색하면 보호와 사랑이라는 언어로 자녀의 인생을 침범하지 않을 수 있다. 등교하는 아침에 아이를 꼭 안아주면서 "사랑해. 온 우주가 그리고 엄마가 너를 축복해. 모든 일이 잘될 거야" 하며 긍정에너지를 넣어준다. 엄마의 일상에서 이런 작은 노력이 자극점이 되어 아이의 일상으로 스며들게 하는 게 교육의 본질이다.

# 비문학 재미있게 읽기

　스마트한 시대를 사는 아이들에게 점점 빈약해지는 것은 읽기의 부재에 따른 문해력이다. 생활 환경이 종이에서 IT로, 대면에서 비대면으로, 실물현실에서 가상현실로 바뀌기 때문이다. 변화와 모순되게 4차산업혁명을 선도해가는 사람들에게 필요한 역량으로 인문학적 사고와 철학적 사고를 꼽는다. 사고력은 독서를 빼놓고 설명할 수 없다. 아이들의 역량을 평가하는 수능시험에서도 독서력은 강조되고 있다. 특히 해마다 문학보다 비문학 읽기에 대한 중요성이 강조된다. 우리가 알고 있듯이 수능시험의 핵심은 문제 풀이가 아니라 지문 읽기다. 지문 자체를 시험시간 내 다 읽지 못하거나 읽어도 이해하지 못하면 문제를 풀 수가 없기 때문이다.

　수능시험에서나 대기업 면접시험에서 문학보다 비문학 읽기 지문 비중이 늘고 있으며 난도가 높아진다고 한다. 많은 전문가는 앞으로 수능 국어는 더욱 어려워지고 문학뿐만 아니라 비문학의 긴 지문이 출제될 것으로 예상하며 수능시험뿐만 아니라 논술, 면접까지 모두 탄탄한 문학과 비문학의 균형 있는 독서가 뒷받침되지 않으면 제대로 된 성과를 낼 수 없다고 강조한다. 초등 공부로 수능과 면접 시험에 대비해 비문학 읽기를 하지 않았지만 비문학 읽기의 공부 효과를 보고 있다. 문학과 다르게 비문학 읽기는 초등기를 지나면 재미있게 접근하기 어렵다. 초등기에는 유아기의 자기중심적 사고에서 벗어나 논리 수학적 사고가 가능해진다. 논리 수학적 사고가 가능하다는 것은 자기 문제에서 사회 문제로 실물교육에서 추론교육으로 전환을 의미한다. 자연스럽게 세상 이야기를 다루는 비문학에 관심이 생기기 시작한다. 관심이 있을 때 관심을 단절하지 않고 확장해주는 것이 중요하다. 비문학의 종류는 다양하지만 세상 이야기를 어린이 수준에 맞게 구성된 어린이 신문 읽기를 선택하면 좋다.

신문을 통해 세상의 과거, 현재, 미래를 읽는 이유는 세상을 알아야 세상 속에 현재를 살아가는 지혜가 생기기 때문이다. 과거의 지식을 외우느라 세상이 변화하고 있는 현재를 읽지 못하면 똑똑한 사람은 될 수 있지만 현명한 사람이 될 수 없기 때문이다. 예컨대 지금 우크라이나와 러시아는 전쟁 중이다. 신문을 읽지 않으면, 전쟁은 역사가 아니라 현실이며 다른 나라의 전쟁이지만 우리 개인의 삶과 연결되어 있다는 것을 모른다. 전쟁으로 말미암은 인간의 비극적인 아픔을 모른다. 세계가 어떻게 반응하고 대처하는지를 읽으면서 아름다운 리더십을 배울 기회를 놓친다.

초등기와 청소년기는 자아 정체성의 확립, 세계관, 사회관의 확립에 아주 중요한 시기이다. 자신이 살아가는 세상이 어떤 일이 일어나고 어떤 변화를 겪고 있는지를 보아야 자기가 무엇을 해야 할지를 생각한다. 세상의 변화와 사건들을 매일 읽으면 인간의 삶과 세상을 통찰하는 힘이 키워진다.

신문을 통해 인공지능의 진화를 읽고, 세상이 어떻게 변해가는지를 읽고, 스마트폰이 어린이들에게 미치는 부정적인 영향을 읽고, 다른 나라에서 일어나는 사건을 읽는다. 그러면 세계관이 커지고 가치관이 생긴다. 학교에서 배우는 공부는 고정된 지식인 데 비해 신문에서 배우는 공부는 지금 일어나고 있는 유동적인 현실 문제이니 흥미롭게 읽힌다. 지식보다 일반 상식이 많아지니 학교 공부를 이해하는 데 기반이 되어 학교에서 배우는 지식과 신문에서 읽은 상식의 현재를 연결하고 자연스럽게 미래를 예측하며 시공간을 넘나들며 통찰력과 비판적 사고력을 키워간다.

세계관 확립을 위해서도 결정적인 시험을 위해서도 문학과 비문학을 균형 있게 읽어야 한다. 문학에 있는 어휘와 신문에 있는 어휘는 수준이 다르다. 문학에서는 누구나 쉽게 이해할 수 있는 어휘가 많지만 신문에는 사회과학 분야의 전문 어휘가 많다. 딸아이는 간혹 수업 시간에 영어, 수학을 잘하는 아이들이 단어의 뜻을 몰라 질문하는 모습이 이해되지 않는다며 혼란스러워할 때가 있다. 우리나라 아이들 문해력 수준의 심각성을 전문가들의 방송이나 책을 통해서 접하다가 딸아이를 통해 들으니 심각성이 확 와닿는다.

딸아이는 논리적 사고를 키우는 학원이나 지도를 받은 적이 없지만 신문을 읽으면서 논리적인 사고가 가능해졌다. 초등학교 6학년 학교 수업 시간에 논술시험을 경험 삼아 본 적이 있었다. 딸아이의 말에 따르면 중학생이 되기 전에 논술시험이라는 것을 경험하는 차원에서 보았는데, 오픈 북 형식이었단다. 환경에 관한 글을 읽은 후 책을 덮고 환경 문제에 관한 자기 생각을 논술하는 시험이었는데, 논리적 읽기가 자연스러운 딸아이는 문제와 그를 뒷받침하는 근거와 결론이 구조적으로 읽혔고 외우지 않아도 이해한 내용으로 쉽고 명확하게 쓸 수 있었다고 한다. 아이의 눈에 공부를 잘하고 학원을 많이 다니는 친구들이 논술형 시험을 어려워하고 답을 잘 못 썼다고 하는 모습이 낯설었다고 했다. 우리가 쉽게 접할 수 있는 가장 논리적인 글이 신문이다. 꾸준한 신문 읽기로 논리의 뇌 회로가 만들어지면 논리적 사고가 자연스러워진다. 논술이 쉬워진다.

비판적 사고를 키우는 읽기로 신문 읽기만 한 게 없다. 어떤 주제에 대해 찬성하고 반대하는 양쪽 생각을 읽으면서 비판적 사고를 발달시킨다. 신문의 주제를 가지고 찬반 토론을 해보기도 한다. 신문에서 읽은 논리적 근거에 자기 생각을 덧붙이며 자기주장에 힘을 세우는 초등기 어린이는 스스로 대견함을 느끼고 부모는 귀여운 재롱을 보는 수준이지만 진지하게 들어주고 토론에 임해준다.

딸아이는 초등학교 6학년 때까지 어린이 신문을 꾸준히 읽었다. 신문에 쓰인 어휘가 어렵고 논리적인 글을 이해하기 어려워 오히려 책 읽기에 부정적 영향을 미치는 건 아닐까 염려하는 부모들이 있다. 나는 책 읽기를 싫어하는 아이들에게 신문 읽기를 권한다. 어린이 신문은 짧은 지문에 호기심을 일으키는 내용이 대부분이므로 읽기의 접근이 오히려 더 쉽다.

어린이 신문 읽기는 공부가 아니라 재미있는 세상 엿보기가 되도록 돕기 위해 몇 가지만 알아두면 된다.

첫째, 신문 읽기는 친숙하기다.

신문 읽기는 공부가 아니라 읽기의 재미가 될 수 있도록 여유를 가지고 친숙할 시간을 충분히 준다. 어린 나이일수록 본 활동으로 들어가기 전에 탐색할 시간이 충분해야 한다. 신문 읽기 지도를 하려 하지 말고 신문을 아이에게 놓아준다. 자발적으로 신문을 펼친 아이들은 만화에 눈을 돌린다. 만화 읽기가 탐색하는 시간이며 친해지기라는 것을 인지하고 흐뭇하게 바라봐준다. 딸아이는 만화만 한 달 읽은 것 같다.

둘째, 만화를 읽기 위해 신문을 찾는 태도에서 친숙의 정도를 알 수 있다.

아침 식탁에 올려두면 스스로 신문을 펼쳐 만화를 읽는다. 현관에 있는 신문 배달 임무를 아이에게 주는 것도 좋은 방법이다. 나는 새벽에 신문을 읽어서 딸아이에게 임무를 주지 못했다. 만화 읽기에 재미를 붙일 때부터는 매일 신문의 안부를 물어준다.

"오늘 신문에서 뭐 읽었어?" 하며 제대로 읽었는지를 확인하기 위한 질문은 심문이다. 심문하지 말고 오늘 소개된 일이 몹시 궁금하다는 의도의 "오늘은 어떤 일이 일어났니?" 정도로 질문한다. 만화만 읽었다고 하더라도 훈계하지 말고 읽은 만화 내용을 알려달라고 부탁하면 된다. 만화로 시작해 근접해 있는 내용으로 천천히 옮겨 간다. 한 달이 지나도 만화만 읽는다면 부모가 함께 읽고 싶은 기사 하나만 읽어준다.

딸아이의 경우, 신문과 친해지는 데 몇 년이 걸렸다.

신문에 재미가 붙고 일상이 된 후에는 몇 가지 지도가 이루어졌다. 핵심에 밑줄 긋기, 주장과 뒷받침 근거를 구분하여 밑줄 긋기, 설명하기 정도다. 신문으로 NIE(Newspaper In Education) 활동이나 기사 쓰기 등을 했더라면 우리 모녀에게 신문을 재미있게 읽고 있는 오늘이란 없었을 것이다. 초등기 6년 동안 독토글 공부를 집중적으로 이어올 수 있었던 것은 가르침과 지도라는 명분의 통제가 없는 소소한 일상이었기에 가능했다.

비문학 읽기가 꼭 신문이어야 할 이유는 없다. 어린이 잡지가 분야별로 있으니 내 아이의 관심과 흥미에 따라 선택하면 된다.

# 초등 부자수업

'부자는 타고난 것일까?'

'사주팔자에 부자는 정해져 있는 것일까?'

'나는 가난한데, 그들은 왜 부유할까?'

사회인이 되어 자본주의를 경험하면서 오랫동안 품었던 질문이다. 초등학생들도 건물주, 부동산 부자 등으로 부자의 삶을 꿈꾼다는 이야기를 읽은 적이 있다. 실제로 딸아이의 초등학교 졸업앨범에서 건물주, 부자가 꿈이라는 아이들의 글을 읽었다. 남녀노소 구분없이 사람들은 부자가 되고 싶어 한다. 금수저가 아닌 흙수저들이 부자가 되고 싶다고 될 수 있을까?

"가난하게 태어난 것은 당신 잘못이 아니지만 가난하게 죽는 것은 당신의 잘못이다."

빌 게이츠의 이 말에 나도 부자가 될 수 있다는 희망이 생겼다. 저절로 부자가 될 리 만무하다. 부자가 되고 싶다면 이를 가능케 할 무엇인가를 해야 한다. 부자가 되기 위한 그 '무엇'을 알고자 부자, 돈, 투자, 경제 관련 책을 읽으며 부자 공부를 시작했다. 부자가 되기 위해 가장 먼저 실행했던 것은 '빈자 사고를 버리고 부자 사고를 하기'다.

'부'에 관련된 책을 읽기 전까지 친정 엄마에게 받은 것이 경제교육의 전부였다. 친정 엄마는 "돈은 운에 있는 것이니 돈 욕심을 내면 안 된다. 아껴 쓰고 저축해라. 성실하게 일해서 돈을 벌어야지 투자하면 안 된다"고 하셨다. 책에서는 부자 생각, 부자 마음, 부자 행동을 배우고 실천한다면 누구나 부자가 될 수 있다고 했다. 꼭 타고나는 것만이 아닌, 노력으로도 부자가 될 수 있다면 마다할 이유가 없었다. 부에 대한 좀 더 적극적인 사고방식으로 내 아이가 살도록 유도할 필요가 있었다.

사실, 경제교육 관련 책에 소개된 방법들과 친정 엄마에게 물려받은 경제관념을 토대로 실천하는 것들이 있긴 했다. 집안일로 돈 벌기, 용돈 기입장에 기록하며 용돈 아껴 쓰기, 바자회 체험하기, 저축하기 등등. 나는 《열두 살에 부자가 된 키라》, 《예담이는 열두 살에 1,000만 원을 모았어요》와 같은 책을 읽게 했다. 내가 부자가 아니고 부자로 살아본 적도 없고 부자 공부도 하지 않았으니, 본질에서 벗어난 형식적인 경제교육을 시킨 셈이다.

경제 신문을 읽고, 돈의 역사를 읽고, 돈의 흐름을 읽고, 부자들의 삶과 노력을 들여다보고, 직접 투자하면서 부자 공부를 하고 있다. 엄마가 부자 된 다음에 아이에게 부자 수업을 해주면 가장 좋겠지만, 엄마가 부자 수업을 너무 늦게 시작한 탓에 같이 가는 마음으로 아이와 함께 부자 수업을 하고 있다. 이 수업으로 가장 먼저 삶과 돈의 관계를 알게 할 필요가 있었다. 자본주의 이념을 이해하면 자연스럽게 돈의 힘을 이해할 수 있다. 권력으로서의 돈이 아니라 가치로서의 돈을 이해할 수 있다. 경제교육은 경제 지식의 축적에만 치우쳐서는 안 된다. 경제 원리와 선한 부자들의 기부 선순환 그리고 노블레스 오블리주 징신까지 온전히 스며들게 해야 한다.

인간의 삶을 이해하는 데 문학, 소설, 역사만 한 게 없다. 인간의 전 생애를 살아보지 않고 다양한 부류의 삶을 살아보지 않은 상태에서 알 방법은 독서뿐이다.

인간과 돈의 관계, 그 다양한 면을 책을 통해 충분히 이해할 수 있다. 책을 통해 아이는 돈의 가치, 의미를 스스로 알아갈 수 있다. 책을 통해 돈이 인간의 삶에 어떻게 작용하는지, 그 힘을 파악할 수 있다. 책을 통해 단순히 부자의 삶을 꿈꾸는 게 아닌, 돈을 선순환하는 주인을 꿈꿀 수 있다.

돈의 의미와 가치를 알면 부자 수업은 일상에서 순조롭게 이루어질 수 있다. 요즘 어린 자녀들에게 주식을 가르치면서 종목을 골라 사주는 부모가 많아졌다고 한다. 그래서 자녀의 주식계좌 수가 급격히 늘었단다. 주식으로 대박 나서 편하게 살고 싶다는 아이가 많아졌단다. 전 국민이 너나없이 금융문맹에서 탈출하기 위해 공부하는 것에는 박수를 보낸다. 하지만 지나친 열풍으로 주식을 파친코 게임쯤으로 인식하게 하면 곤란하다. 주식계좌를 만들어주고 주식 이야기를 하는 게 금융문맹에서 벗어나는 길, 그야말로 경제교육이라 착각하면 오히려 안 하는 것만 못하다. 교육은 유행처럼, 철새처럼 되는 게 아니다. 모든 교육은 인간 본질을 바탕으로 해야 함을 명심해야 한다. 자녀가 독서를 통해 돈과 삶의 관계를 스스로 인식할 때 부모의 작은 노력 또한 필요하다.

《돈의 속성》이라는 책에는 앨런 그린스펀의 말이 인용되어 있다.

'글을 모르는 문맹은 생활을 불편하게 하지만 금융문맹은 생존을 불가능하게 만들기 때문에 더 무섭다.'

금융문맹이던 나에게 앨런 그린스펀의 말이 빈곤한 경제의식을 강타하고, 그 여진이 가슴을 흔들어 아프게 하고, 그 아픔이 발을 움직여 금융문맹에서 벗어나게 했다.

'돈은 운에 있는 것이니 돈 욕심을 내면 안 된다'는 부모님의 경제 관념에 입각하여 열심히 온 힘을 다해 노동하고 그 대가로 받은 월급을 쪼개 쓰면서 한 달 한 달 위태롭게 살던 나였다. 그런 나에게 책들은 부의 동아줄이 되어주었다. 나는 금융문맹에서 벗어났고, 그 덕분에 아이를 '똑똑한 금융문맹'으로 키우지 않을 수 있게 되었다.

누구나 노력하면 부자 될 수 있다는 희망의 씨앗을 품게 한 것은 독
서였고, 경제에 눈을 뜨게 한 것은 경제 신문 읽기였다. 부모 역할은 함
께 부자 수업을 한다는 마음으로 자신이 알고 있는 방법 중에 무엇이라
도 행동하게 하는 것이다.

첫 번째는 경제 신문 읽기다.

초등학교 6학년 때부터 어린이 경제 신문을 읽게 했다. 일주일에 한
번 발행되는 경제 신문 읽기는 부담이 없다. 어린이 경제 신문은 학교
수업과 연계된 내용들이 있어서 학교 공부에도 유익하다. 어린이 신문,
어린이 경제 신문은 종합학원이다. 세상의 별별 이야기와 지식을 제공
하는 훌륭한 교육의 장이다. 경제 지식을 쌓으면 세계 경제를 관망하는
능력도 키울 수 있다.

인간의 생활과 돈은 밀접하게 얽혀 있는 만큼, 딸아이는 사회 흐름에
따라 돈의 흐름이 결정되는 원리를 파악하면서 실생활과 연결하려 한
다. 한 나라에만 국소적으로 영향을 미치는지, 세계적으로 영향을 미치
는지 그리고 단기적인지, 장기적인지를 두루 생각하면서 사람들의 생
활이 어떻게 변화할지를 나름대로 살핀다.

사소하게는 스타벅스를 보면서 코로나19 상황에서도 매장에 왜 사
람이 많은지, 스타벅스를 좋아하는 사람들이 관련 주식을 가지고 있는
지 궁금해하기도 한다. 그럴 때 나는 책에서 본 '스타벅스 창업자 하워
드 슐츠는 기업의 핵심가치를 사람에 두고 인간의 마음과 영혼을 풍요
롭게 하면서 돈 버는 인간중심의 경영을 한다'는 정보를 들려준다. 이

러한 것들에 관한 생각은 실생활의 산 연결이다. 결국 책과 경제 신문을 읽는다는 것은 사람과 삶의 연결이다.

두 번째는 대화다.

'돈'에 관심을 가진 아이와 경제를 화두로 한 대화가 많아졌다. 예를 들어 '우리가 사는 지역에서 집값이 가장 비싼 곳은 어딜까?', '같은 지역에서 집값이 차이 나는 이유는 무엇일까?', '왜 사람들은 자기가 사는 지역에 역, 관공서, 도서관, 대기업 등을 유치하려 할까?', '분양의 목적이 주거와 투자인 이유는 무엇일까?', '우리 집 한 달 생활비는 얼마일까?', '월급이 차이 나는 이유는 무엇일까?', '공기업과 사기업의 차이는 무엇일까?' 등등이다. 세금 납부 의무와 세금의 쓰임에 대한 현실적 대화 또한 일상에서 자연스러워졌다.

세 번째는 선한 기부다.

자선과 기부는 다르다. 자선은 측은지심으로 돕는 것이고 기부는 공공사업을 돕기 위해 대가 없이 내는 거다. 신문 기사에 기부 내용은 꼭 읽어준다. 아이의 용돈 일부를 따로 모아 해마다 기부 실천을 한다. 머리카락을 기부하고, 연탄 나르기 등 손길 기부도 실천한다. 돈, 능력, 손길 등 기부할 기회를 찾아 함께 실천한다. 돈이 가치 있게 쓰여야 할 곳을 알고 돈을 벌면 기부가 쉬워질 거라는 생각에서 비롯된 경제교육이다.

이렇게 일상에서 하는 부자 수업은 돈의 가치를 깨우치게 한다. 예를 들면 딸아이는 친구들과 만나 점심을 먹고, 카페 가고, 저녁을 먹고, 또 카페 가는 데 용돈 35,000원을 쓰고 왔다. 돈을 쓰면서 합리적인 소비가 아니라고 생각했단다. 며칠 뒤 한국사 공부를 위해 교재 두 권을 26,500원에 구입하면서 돈의 가치를 생각하게 되었다.

친구들과 즐겁게 하루를 보낸 행복 비용도 합리적인 소비일 수 있다는 내 생각을 들려주었지만, 딸아이의 생각을 바꿔주지 못했다. 그 책을 쓰기 위해 저자가 공부에 들인 시간과 노력의 값이 26,500원이라는 사실과 26,500원으로 평생 쓸 한국사 지식을 배울 수 있다는 사실에 놀라워했다. 보이는 숫자 이면의 가치를 생각하게 된 것이다.

이런 식으로 생각을 확장하는 초등학생의 삶은 부유한 데로 흐르게 된다. '부'는 설명하는 것이 아니라 삶으로 보여주는 것이다.

# 주입식 진로교육과 주도적인 진로교육

부모는 초등기를 마무리하고 예비 중학생이 될 때부터 자녀의 진로에 대해 고민한다. 대학입시와 가까워지기 때문이다. 엄마들의 고민과 다르게 자녀들은 당장 중학교생활에 대한 기대를 하면서도 친구와의 교류 문제를 놓고 걱정한다. 부모는 '자녀의 미래' 속에 살고 자녀는 '직면한 현재' 속에 살기 때문이다. 우리나라 진로교육의 문제점은 부모 자녀 간 시점 차이에서 비롯된다. 자녀의 미래를 사는 부모들은 좋은 직업, 적성에 맞는 직업을 찾아주려 하지만 현재를 사는 자녀들은 자기 가슴이 어디에 어떻게 반응하는지를 스스로 찾고 싶어 한다.

친절한 교육이 아이 스스로 반응할 시간을 주지 않고 맞춤형에 길들인다. 딸아이는 종종 학교에서 마련해준 다양한 검사 결과지에 머리를 묻은 채 자신이 어떤 사람인지를 찾곤 한다. 자신은 어떤 유형

인지, 어떤 지능에 강점을 보이는지, 어떤 능력이 발달되어 있는지, 어떤 일에 적성이 있는지를 검사 결과지와 상의하는 것처럼 보인다. 자기가 어떤 사람인지 스스로 물어 발견하는 것이 진짜 자신이다. 질풍노도의 사춘기는 정체성 확립을 위한 절대적 시간이다. 그 검사 결과지가 자기라고 착각하지 않고 살기를 바란다. 자기 삶을 살아야 하는 중요한 시기에 검사 결과지와 교과서와 문제집 같은 종이에 머리를 묻은 채 그것이 자기의 전부인 줄 알고 살다가 자기 삶을 살아야 할 성인이 되었을 때 정작 무슨 일을 하고 싶은지, 가슴을 뛰게 하는 일이 무엇인지, 좋아하는 일을 하라는데 그게 무엇인지 몰라 허우적대다 우울증이라는 감정 감옥에 스스로를 가두지 않길 바란다.

강의에서 만나는 부모들에게 "자녀가 어떤 삶을 살기를 바라느냐?"고 질문하면 공통적으로 "가슴 뛰는 일을 하며 행복하기를 바란다"고 대답한다. 부모뿐만 아니라 어른들은 청소년들에게 자기 적성과 능력에 맞는 일을 하라고 한다. 즉, '가슴 뛰는 일'을 할 때 행복하다는 것은 진리임을 전제하고 있다. 그러나 우리나라 진로교육은 가슴이 아니라 일에 집중되어 있다. 일과 업의 구분 없이 꿈을 꾸라 하고, 가슴 뛰는 일을 찾으라 하는 진로교육이 아이들을 더 불안하게 한다. 꿈과 가슴 뛰는 일이 말처럼 쉽게 찾을 수 있고 누가 찾아줄 수 있는 거라면 왜 우울한 성인들이 그토록 늘어나는 걸까? 일과 업을 쉽게 구분해 설명하자면 일은 적절한 대가를 받기 위해 일정 시간 머리와 몸을 쓰는 활동이다. 일은 한마디로 노동의 의미다. 업은 자기 적성에 따라 일정 기간 종사하는 일이다. 업은 한마디로 가슴이 하는 일이다. 우리 어른들은 '일'을 찾아주려는 목적으로 진로교육을 한다. 이는 아이들의 가슴을 길들이는 것과 같다. 꿈을 꾸는 것은 가슴이 하는 일이다. 가슴이 움직여야 꿈을 이루기 위한 실행력 또한 작동된다. 어른들은 진로교육으로 적성과 능력에 맞는 일을 펼쳐 놓고 고르라 한다.

인간의 가슴은 머리와 지식이 아니라 삶의 진솔한 이야기에 공감과 연민하며 움직인다. 초등기 아이들의 가슴은 물 만난 물고기처럼, 고삐 풀린 망아지처럼 팔딱팔딱 뛰어야 한다. 현실적 한계에 가두는 진로교육으로 가슴을 길들이지 말아야 한다.

책은 사람들의 진솔한 인생 이야기를 엮은 것이다. 독서는 다른 사람들의 이야기를 읽으면서 그 다양한 삶을 다양한 형태로 살아보는 간접경험이다. 책을 통해 타인의 슬픔, 기쁨, 고난, 성공, 좌절, 극복을 수시로 체험하자면 가슴이 팔딱팔딱 뛴다. 다가올 어떤 인생도 마냥 두렵지 않다. 두려울 수도 있지만 자기 가슴을 조율하면서 자기 삶을 굳건히 살아갈 힘을 얻는다. 독서는 꿈의 공작소이며 자기 진로를 찾는 현장이다.

딸아이는 초등학교 3학년 때 코코 샤넬의 책을 읽은 후 조향사가 되고 싶어 했다. 한동안 향과 식물과 화학반응에 관심을 보였다. 초등학교 저학년 아이들이 즐겨 보는 혈액형과 심리에 관한 책을 읽더니 심리조향사가 되어 개인의 심리에 맞는 향수를 만들어 행복하게 해주고 싶다고 했다. 시에 빠져 있을 때는 시인이나 작가가 되고 싶다며 노트나 종이에 시를 쓰고 글을 썼다.

추리소설에 빠져 있을 때는 프로파일러가 되고 싶다며 그러려면 무엇을 공부해야 하는지 알아보았다. 우리나라에는 학부에 범죄심리학과가 없어서 심리학을 전공하고 석사과정으로 범죄심리학을 전공하는 방법과 경찰대학을 졸업하고 범죄심리학을 공부하는 방법이 있다는 것을 스스로 알아내고는 공부를 잘해야 가능한 일이라며 풀이 죽었다.

로맨스소설에 빠져 있을 때는 주인공을 따라 그리는 그림에 빠져 애니메이션 작가가 되고 싶다고 했다. 한국애니메이션고등학교가 한 군데 있는데 경쟁률이 높아서 입학하려면 공부를 잘해야 한다며 풀이 죽었다.

역사책에 빠져 설민석 강의를 들을 때는 설민석 강사님처럼 역사를 재미있게 알려주는 역사 강사가 되고 싶다고 했다. 강의하기 위해서는 그 분야에서만큼은 전문성이 있어야 한다 하니 그 또한 공부해야 한다는 현실에 풀이 죽었다.

경제적 안정 속에서 그림을 그리고 글을 쓰려면 공무원이 제격이라는 생각에 공무원 되는 방법을 알아보더니 공부를 잘해야 한다는 사실에 풀이 죽었다.

요즘은 심리가 재미있다며 심리 관련 책을 읽는다. 심리학자가 되려면 무엇을 해야 하는지 찾아본 아이는 또 풀이 죽었다. 심리학과를 가기 위해서는 공부를 잘해야 할뿐더러 많은 시간을 들여 공부해야 하는 심리학의 현실을 알고서는 확 부담이 되었나 보다.

진로를 고민하던 중에 미네르바스쿨에 대한 정보를 읽고는 미네르바스쿨에 가고 싶어 했다. 강의식 수업이 아니라 7개국을 다니며 수업하는 시스템이라서 그 대학에 꼭 가야겠다는 마음으로 알아보았다. 하지만 이내 하버드대학교 입학보다 더 어렵다는 현실에 풀이 죽었다.

딸아이는 초등기 6년 동안 자기 가슴이 팔딱이는 데로 고삐 풀린 망아지처럼 뛰어다녔다. 하고 싶은 일은 너무 많고, 조금 시도해보며 알아보다가 공부 잘해야 한다는 사실에 풀 죽기를 반복하면서 공부는 꿈을 이루기 위한 필요 수단임을 스스로 배웠다.

쉽게 포기하는 6년의 과정을 지켜보면서 한편으로는 끈기와 몰입이 부족하다는 걱정을 하기도 했다. 엄마들은 원래 걱정이 많은 존재다. 특히 자녀 문제에서는 늘 걱정이다. 공부 잘해서 좋은 대학에 입학했다가 자기 존재의 의미와 가치를 못 찾겠다며 자퇴하고 집으로 들어오는 아이가 늘어간다는 통계를 접할 때마다 새삼 딸아이가 대견하다. 딸아이의 가슴이 뛰고 있다는 사실에 감사한 마음이 절로 샘솟는다. 자기 가슴으로 찾은 일을 할 때 그것이 진짜 행복한 인생이 될 것이다.

부모가 자녀의 미래를 확정하는 우를 범하지 않으려 노력해야 한다. 흔히 인생을 긴 마라톤에 비유한다. 늘 그렇듯 미래는 불확실하다. 가슴 뛰는 일을 찾으라고 가르치거나 찾아주기보다 자기 가슴을 느껴볼 시간을 주는 게 필요하다. 자기가 하고 싶은 일이 간절하다면 무엇을 준비해야 할지 찾을 것이고 그때 부모의 도움이 필요하다면 적극적인 협조자가 되어주면 된다.

가슴 뛰는 일을 찾으라는 꼰대 같은 말보다 가슴 뛸 수 있는 시간을 충분히 줘보자. 실수와 실패의 경험을 최대한 줄이는 방법만 받아먹는 아이들은 존재감을 낮추고 길드는 쪽을 선택하기 십상이다. 자기 가슴으로 느껴보도록 가슴 뛰는 일을 하는 사람들의 이야기를 읽게 도와주자.

예컨대 대학원 졸업반 시절 새벽잠에서 깬 뒤 알람을 끄고 다시 자는 습관을 고치기 위해 알라미 앱을 개발해 지인들과 함께 쓰다가 주변 반응이 좋아서 알람 앱 대표가 된 이야기, IT 업계에서 일하다가 피규어를 좋아해 피규어 제작자가 된 청년 창업자의 이야기, 한쪽 팔로 구두 제작 장인이 된 명장 이야기 등 신문, 영상, 책에 소개된 사람들을 삶을 접할 수 있게 해준다.

나는 세상에는 할 일이 아주 많다는 것을 알려주기 위해 여행과 현장 체험 학습 기회를 한 번이라도 더 만들어주었다. 모든 것을 직접 경험할 수 없으니 독서를 통해 간접경험을 할 수 있도록 해주었다.

마음껏 상상해야 할 나이에 닫힌 공간에서 고정 지식만 외우게 하면 상상력을 잃게 만들 것이다. 독서가 꿈의 공작소라고 하여 책만 읽으라는 게 아니다. 자기 눈으로 세상을 보고 자기 가슴으로 느끼라는 의미다. 부모는 자녀가 가슴으로 느끼는 시간을 적극 지지하고 도와주면 된다.

# 동굴교육, 인생교육

내가 자녀교육을 가장 큰 과업으로 하고 초등교육으로 독토글에 집중했던 이유는 부모의 영향을 가장 많이 받는 초등기까지 자녀를 캄캄한 동굴에서 촛불에 의지해 종이 지식을 공부하게 하고 싶지 않아서다. 유년 시절의 삶 전부가 캄캄한 동굴교육이면 플라톤의《국가론》제7권에서 말하는 동굴 비유가 내 아이의 삶이 되기 때문이다.

플라톤의 동굴 이야기는 이렇다.

동굴에는 많은 죄수가 묶인 채 앉아 있는데, 그들은 벽면에 비치는 자기 그림자가 세상의 모든 것이라고 믿고 있다. 그들 중 한 명이 족쇄를 풀고 동굴에서 나온다. 그는 최초로 그림자를 가능케 하는 밝은 태양 빛을 본다. 그는 동굴로 다시 돌아가 죄수들에게 지금 보고 있는 것이 자신들의 그림자라는 사실과 세상에는 많은 게 존재한다는 걸 알려준다. 그러나 죄수들은 그를 미치광이로 여기면서 전혀

믿으려 하지 않는다.

플라톤의 동굴 이야기를 교육에 비유한 내 이야기로 설명해보면 이렇다.

세상이 열려 있지 않은 과거에는 동굴교육을 할 수밖에 없었지만, 지금은 아니다. 우리 자녀들이 사는 세상은 우리가 살던 그때와 완전히 다르다. 어디에서든 세상을 열어볼 수 있다. 자율주행, 메타버스라는 가상의 세상과 우주여행이 가능해진 세상이다. 상상이 현실이 되는 세상을 산다. 세상의 변화를 이끄는 것은 인간이다. 인간의 변화가 세상의 변화다. 인간 변화는 인간의 생각 변화다. 세상의 변화는 상상하고 창조하고 혁신하고 역동하는 인간 본성의 실현이다.

상상력 없는 아이들은 세상의 변화를 즐기기보다 두려워하고 불안해할 수밖에 없다.

코로나19로 비대면 수업을 하면서 게임중독, 미디어중독이 심각해진 문제를 비대면 수업 방식 때문이라는 인식은 동굴교육의 관점이다. 비대면 수업은 아이들에게 여유 시간을 주었고, 자율을 부여했다. 그동안 짜인 시간에 맞추어 움직였고 가르쳐주는 데로 외우는 동굴교육에 길든 아이들에게 여유와 자율은 자아실현이 아니라 불안이다.

어느 날 아침, 엘리베이터에서 만난 중학생에게 등교 시간을 물어본 적이 있다. 엄마가 내보내는 시간을 등교 시간으로 알고 있었다. 학교에 몇 시까지 가야 하는지를 다시 물으니 정확한 등교 시간을 모르고 있었다. 학교가 짜놓은 수업 시간, 엄마가 짜놓은 과외 시간에 맞추어 사는 아이들에게 돌연 그 틀이 사라진다면 어떨까. 그게 세상의 모든 것인 아이들에게 엄청난 불안이 몰려들 게 불 보듯 뻔하다.

급변하는 세상을 살아갈 아이들에게 필요한 역량이 무엇일까. 부모가 되는 순간부터 진지하게 생각해야 할 문제다.

'독서는 국력'이라는 독서계몽운동이 세계적으로 펼쳐지고 있다. 선진국들은 독서의 힘을 알고 실천하고 있다. 우리나라에서도 이미 조선 시대부터 독서의 중요성을 알고 있었다. 조선 시대 27대의 왕들 중 성군이라 할 세종과 정조의 공통점 중 하나는 '독서정치'다.

세종은 1420년 집현전을 설치한 뒤 집현전 학사들 중 재행(才行)이 뛰어난 자를 선발, 휴가를 주어 독서 및 연구에만 전념할 수 있게 하고 그 경비 일체를 나라에서 부담하도록 했다. 즉, 국가의 유능한 인재를 양성하고 문운을 진작시키기 위해서 젊은 문신들에게 휴가를 주어 독서에 전념할 수 있도록 한 사가독서제도를 실시했다.

정조는 1776년 즉위하자마자 규장각을 설치했다. 규장각은 말하자면 왕실 도서관이다. 요절한 영조의 큰아들 진종(眞宗)의 후사로 왕위에 올라 고난의 시절을 오직 독서를 통한 경명행수(經明行修)로써 이겨낸 정조. 그는 즉위하고 나서 "내가 밤잠을 안 자고 독서하다가 새벽닭이 울고 나서야 잠자리에 든 것이 몇 날 몇 밤이던가"라고 감회하며 독서의 힘을 넌지시 피력했다.

정약용도 유배지에서 보낸 서신을 통해 자녀들에게 독서를 부지런히 하라고 가르쳤다.

이렇듯 동서고금을 막론하고 왜 독서계몽에 힘을 쏟을까?

초등기 6년, 나는 독토글을 방법으로 가르치는 동굴교육에서 벗어나 아이의 삶과 연결하며 일상이 되는 환경을 마련해주었다. 나와 딸아이는 코로나19 비대면으로 말미암아 생긴 여유 시간과 자율을 만끽할 수 있었다. 의도하지 않게 해야만 하는 일이 없어진 여유 시간에 충분하게 읽고 글을 쓰고 대화를 나누었다. 이를 통해 영혼이 건강해지고 풍요로워졌다. 부모의 강요와 강제적인 틀이 없는 자유로운 환경에서 아이는 물 만난 물고기처럼 자기 시간을 경영하며 하고 싶은 것들을 충분히 했다.

꾸준히 독서를 하면서 내면의 힘을 응축하고 있었고, 열린 세상을 살았다. 인간의 삶과 자기 삶을 통찰할 힘이 조금 생긴 아이의 일상에는 불안보다 행복이 더 커졌다.

물론 불안이 없을 수는 없다. 영어, 수학에서는 어릴 때부터 학원 다니는 아이들을 따라가지 못해 초등학교 고학년이 될수록 영어, 수학에 자신감을 잃어갔다. 공부 자신감을 잃어가는 내 자식을 보는 부모의 마음이 흔들리지 않는다는 것은 거짓말이다. 영어, 수학 공부에서만큼은 물러설 수 없어서 책을 버리기도 하고, 찢기도 했다. 엄마의 불안으로 아이를 더 불안하게 했던 적도 있다.

엄마가 흔들리지 않았다면 완벽한 독토글의 교육이 되었다고 하겠지만 흔들림 또한 삶의 일부로 받아들이며 동굴교육, 방법적 독서에서 벗어나 인생교육, 자율독서의 환경을 마련해주려 노력했다는 것으로 위안한다.

아이들은 어른이 설계한 교육을 받아야 할 권리와 의무가 있다. 독토글도 설계된 틀이다. 그 틀 안에서 자율적으로 하느냐, 통제하느냐가 차이를 만든다.

독토글은 인생의 마법이 아니라 지혜의 창고다. 예기치 않은 코로나19 덕분에 주도학습을 하며 즐겁게 보낸 초등기 고학년의 일상 속에서 교육의 본질을 새삼 돌아볼 수 있었다. 독토글은 인생을 살아

가다 어려움을 만났을 때 지혜로 순조롭게 풀어갈 수 있음을 몸소
체험한 어른 엄마가 그 누구보다 전도유망한 내 아이에게 주는 그야
말로 실전 중의 실전 지혜다. 프랜시스 베이컨은 말했다.

"독서는 완성된 사람을 만들고, 연설은 준비된 사람을, 글쓰기는
정확한 사람을 만든다."

　부모는 유년기, 초등기, 중등기, 고등기 아이들을 일관성 있게 교육하면 안 된다. 아이들의 성장 발달에 맞게 교육 환경을 제공해주어야 한다. 내가 퇴사를 결정하고 학원을 보내지 않았던 결정적 이유는 초등기 6년의 중요성을 알았기 때문이다. 초등교육의 일환으로 독토글의 중요성과 필요성에 관해서는 이 책 전반에 걸쳐 언급하고 있으니 여기서는 시간의 문제를 이야기해볼까 한다.

　중학생이 된 딸아이의 하루에는 자유 시간이 없다. 학교 수업 시수가 늘었고 거리가 멀어져 귀가 시간이 일주일에 사흘은 5시, 이틀은 4시다. 간식 먹으면서 엄마랑 학교 이야기 짧게 하고 조금 뒹굴면 금세 저녁시간이다. 저녁 7시부터 10시까지 세 시간 동안 틈틈이 휴식하면서 교과서 복습하기에도 부족하다. 좋아하는 독서와 한국사를 공부할 시간이 없으니 새벽에 일어나려 의욕을 불태운다. 하지만 잠을 이기지 못하는 사춘기 소녀다. 어느 날은 새벽에 일어나지만, 대개는 알람 끄고 다시 잔다. 중학생이 되면 자연스럽게 독토글 공부에서 교과서 공부로 넘어간다. 친구들이랑 깔깔거리며 놀 시간도, 만화책 읽으며 깔깔거릴 시간도, 뒹굴뒹굴 상상할 시간도, 엄마랑 도란도란 대화할 시간도 사라진다.

　초등기에 열린 세상을 배우면서 자기 삶을 살아내게 한 독토글의 응축된 힘이 그 이후의 삶 또한 살아갈 원동력이 된다. 초등기 6년은 인생의 자가 발전소를 설립하는 중요한 시기라 판단했기에 과감히 퇴사를 결정할 수 있었고 독토글에 전념할 수 있었다.

부모들은 자녀가 자기 삶의 주인으로 살아가기를 바라면서, 그것이 교육의 목적이라면서 그렇게 할 시간을 주지 않는다. 초등기에는 상대적으로 여유로운 시간이 많아 자기 삶을 살아볼 수 있다. 특히 초등학교 시절 방학에는 책 읽을 시간이 충분하다. 대개의 부모는 그 기간에 영어, 수학 외의 뒤처진 과목을 공부시키는 데 시간을 투자한다.

방학 기간, 나는 학교마저 안 가는 넉넉한 시간이 보장된 만큼 아이와 함께 도서관이나 카페를 간다. 도서관이나 카페에서 책을 만끽하는 환경을 마련해주는 것이다. 독토글이 일상인 아이들은 미디어에 중독될 시간이 없다. 시간이 있을 때 독서에 빠져들 시간을 주면 자기 삶에 중심을 잡고 질서를 유지하며 주인으로 살아갈 수 있다.

# Chapter 3

★

# 일상이 토론이다

# 토론은 가르치는 게 아니라 하는 것이다

　토론교육의 필요성을 말할 때 유대인의 토론을 말하지 않을 수 없다. 수동적인 주입식 교육에서 능동적인 토론식 교육으로 바뀌어야 한다는 점에서 유대인의 토론식 교육의 모델링은 인정한다. 그러나 우리가 간과하는 것이 있다. 유대인의 토론과 우리 토론의 본질적 차이이다. 토론의 본질은 빼고 방법만 모델링하고 있다. 유대인들에게는 토론할 짝이 가정, 학교, 도서관, 사회, 그 어디에든 있다. 토론 방법과 기술을 배우는 사교육 같은 게 아니다. 짝과의 대화가 토론이며 일상이다. 우리처럼 일주일에 한두 번 전문가에게 토론하는 법, 질문하는 법을 배우고 학원에서 정해준 짝과 그 방법을 실습하지 않는다.

　유아기 3년, 초등기 4년, 딸아이를 데리고 토론교육의 현실에 부딪히면서 토론이란 가르치는 것이 아닌, 해야 하는 것임을 깨달았다.

모든 문제의 해결은 본질 안에 있다. 오늘날 교육의 문제해결도 본질 안에 있다는 이 단순한 걸 깨닫는 데 27년이라는 시간이 걸렸다.

먼저 유아기 3년간 현실에 부딪힌 토론교육의 사례다. 사실 유아교육에서부터 토론식 교육을 가르치고 있다. 토론 수업에 가장 적절한 형태는 프로젝트 수업이었다. 유치원에서 프로젝트 수업을 적용하면서 프로젝트 수업에도 토론 없는 주입식 교육이 이루어질 수밖에 없는 현실을 바로 보게 되었다. 1920년대 듀이로부터 창안된 프로젝트 접근법은 교사와 유아들이 학습할 가치가 있는 특정 주제에 대해 심층적으로 연구하는 교수·학습 방법으로, 유아들은 프로젝트를 전개하는 과정에서 자기 생각을 자유롭게 발현하고 또래 친구들의 생각을 듣는 형식으로 진행된다. 또 이탈리아의 교육학자 로리스 말라구치에 의해 창안된 레지오 에밀리아 교육법은 일방적으로 진행되는 주입식 교육이 아닌, 프로젝트 단위로 아동들이 스스로 학습 주제를 선정하고 자유롭게 토의하는 등 자발적 수업의 주체가 되도록 하는 형식이다.

이렇게 좋은 수업의 형태를 적용하는데, 왜 자유롭게 토론이 이루어지지 않을까에 대한 질문의 답을 교사의 기술 부족에서 찾으려 했었다. 20여 년 세월이 흐른 오늘날 교육에서도 토론의 중요성이 부각되지만, 토론 수업은 이루어지지 않는다. 토론교육의 중요성을 인식하고 유치원교육에 토론식 수업을 적용하고 싶었다. 교사교육이 선행되어야 했기에 전성수 교수의 《부모라면 유대인처럼 하브루타로 교육하라》라는 책을 읽고 유아교육에 어떻게 적용할 것인가를 연구했다. 'G20 오바마의 질문' 영상을 보고 질문이 없는 우리의 교육 현실에 교사 모두가 충격을 받았다. 영상 내용을 간략히 정리하면 이렇다.

2010년 9월 서울정상회의 폐막식에서 오바마 미국 대통령이 훌륭한 개최국 역할을 해준 한국 기자들에게 질문권을 주었다. 한국 기자들의 반응이 없자 중국 기자가 아시아를 대표해서 질문해도 되겠느냐는 질문에 오바마 대통령은 한국 기자들에게 먼저 질문할 기회를 주겠다고 했으나 끝내 한국의 기자들의 질문은 없었다.

전성수 교수는 질문 없는 우리 교육 현실에 충격받았지만, 원감이던 나는 교사 모두가 유아교육에서는 불가능하다는 현실에 더 충격을 받았다. 《부모라면 유대인처럼 하브루타로 교육하라》에도 언급한 것처럼 정숙교육의 세뇌다. 아이들을 '조용히' 시키고 교사가 말하는 것을 잘 듣게 하는 수업이 가장 좋은 것이라는 인식 때문이었다. 아이들이 준비가 안 된 것이 아니라 교육과 교사가 준비가 안 된 것이다. 아이들은 언제나 자기의 생각과 감정을 말하고 싶어 한다. 아이들의 말을 들어줄 대상은 없고, 아이들에게 말하는 대상만 있다는 교육 현실의 벽을 무너뜨리기 위해 교사교육을 계속 진행했다.

그러나 내 아이 잘 키우고 싶어 퇴사해서 그 이후 결과가 없다. 유치원을 퇴사했지만, 교육자로서는 퇴사하지 않았기에 조금 더 전문적으로 토론을 배워 자녀에게 적용하고 싶은 욕심이 생겼다. 지금은 고인이 되신 전성수 교수가 이끌던 하브루타 교육사 과정을 공부했다. 초기에는 자녀에게 질문하게 하고, 토론하자고 덤벼들었다. 그때는 몰랐지만 '토론은 기술이 아닌, 일상의 대화'임을 알고 실천하는 지금에서야 덤벼들었다는 말이 적합했다고 고백한다.

딸아이에게 하브루타 짝을 만들어주기 위한 마음과 하브루타로 생각을 열어주고 싶은 마음으로 같은 반 친구들을 모아서 하브루타 수업을 시작했다. 질문력을 키워 생각하는 아이들로 만들어주는 유대인의 하브루타 수업이라 자신 있게 홍보했다. 유아교육 경력으로 발문과 수업 기술이 우수했으며 하브루타와 감정코칭을 바탕으로 연구한 수업에 자부심이 있었다. 아이들도, 교사인 나도 재미있게 수업했다.

1년간은 재미있게 수업했지만 변화를 느끼지 못했다. 비교 대상인 딸아이가 없었다면 본질을 잊고 재미난 수업만 했을 수 있다. 자기 생각을 자연스럽게 말하는 딸아이와 달리 수업하는 아이들은 정답에 갇혀 '어떻게' 해야 하느냐고 물었다. 수업 방식의 문제라는 생각으로, 수업 방법과 기술을 연구하며 수업의 질을 높였다. 하브루타 수업 4년 차에 아이들의 생각이 열리지 않는 이유를 명확히 알았다. 학년이 올라갈수록 영어와 수학의 공부 시간이 늘었고, 주입식 교육 경력이 쌓일수록 방법과 외우기에 익숙해져 생각하기를 귀찮아하고 어려워했다. 주 1회 한 시간 생각하고 질문하고 토론하니 아무리 좋은 하브루타 수업이라도 수동적 교육이 될 수밖에 없었다. 일주일 168시간 중 한 시간 수업으로 생각이 열리고 질문이 열리고 토론이 술술 이루어지는 마법 같은 교육이 존재할까. 일상이 대화인 딸아이와 수업 시간이 전부인 아이들의 변화에서 토론은 가르치는 게 아님을 명확히 깨닫고 수업을 중단했다.

경험을 통해 토론은 짝이 있어야 하고, 일상이어야 한다는 사실을 배웠다. 그리고 그 짝이 토론할 준비가 안 되어 있다는 사실도 배웠다. 딸아이가 생각을 말할 때 나는 토론 방식과 기술에 맞는 말을 준비했나. 딸아이의 생각을 듣지 않고 준비된 나의 말만 한 셈이다.

더 이상 토론을 하자고 덤비지 않았다. 머리에서 토론 방법을 버리니 자녀의 생각을 경청할 수 있었고 대화가 편안해졌다. 딸아이의 짝이 되기 위해 지금도 여전히 나의 생각 수준을 높이고 있다.

초등학교 국어 교과서는 토론 기술을 아주 정확하게 알려준다. 딸아이와 함께 교과서로 공부하면서 토론뿐만 아니라 글쓰기에 관한 방법과 기술을 학교에서 교과서로 수준에 맞게 체계적으로 배우고 있음을 알았다. 하지만 학교에서도 나처럼 토론을 정말 잘 가르치지만 토론하지 않는 실수를 하고 있다. 우리 아이들은 언제 자기 생각을 하고 그 생각을 어디에서 말할 수 있을까. 우리 아이들의 토론 짝까지는 아니더라도 말을 나누는 짝은 어디에서 찾아야 할까.

첫 번째는 인식 전환하기다.

부모들은 '토론은 전문가에게 체계적으로 배워야 한다. 가정에서 토론은 할 수 없다. 부모 자신은 토론할 줄 모른다' 하는 정도로 인식하고 있다. 이 글을 쓰고 있는 나도 토론을 체계적으로 배우지 못했고 유대인들의 토론 같은 토론을 할 줄 모른다. 정확히 말하면 대화도 할 줄 몰랐지 싶다. 대화법 강의를 하면서 지난날 나 자신 또한 아이와 대화하는 데 서투른 그런 사람이었다. 방법만 배우고 익혀 전문가는 되었지만, '하는' 일상의 부재가 문제였다. 서툴지만 하다 보니 지금은 제법 전문가답다.

초등 토론은 '자기 머리로 생각하고 자기 입으로 말할 줄 안다' 정도이면 충분하다. 자기 생각을 말할 기회만 주어진다면 생각이 영글고 토론 능력도 자연스럽게 발전할 것이다. 토론 기술은 성인이 되면 필요에 따라 배우고 익혀 좀 더 능숙해질 영역일 뿐이다.

초등 토론은 가르치는 것이 아니라 자유롭게 말할 기회를 자주 갖는 것임을 명심하자. 이러한 인식으로 가정에서라도 자녀가 자기 머리로 생각한 것을 자기 입으로 눈치 보지 않고 자유롭게 말할 환경을 만들어 주면 좋겠다. 부모 역할은 '초등 토론은 전문가의 영역이 아니라 자유롭게 말할 기회'라는 인식 전환을 하고 그에 따라 분위기를 만들어주는 것이다.

두 번째는 짝 되어주기다.

유대인들은 어디에나 짝이 있지만 우리 교육에는 어디에도 짝이 없다. 부모가 짝이 되어줘야 한다. 초등기에는 토론 짝 말고 대화 짝이면 된다. 고학년이 될수록 자녀의 생각 수준에 맞추어 짝의 생각 수준도 높여줘야 한다. 초등학교 저학년 때는 일상에서 일어나는 자기 문제, 고학년 때는 사회현상, 정치·경제 문제에 대해 생각하고 의견을 나눌 짝이 돼주면 된다.

# 초등 토론은 존중과 논리가 전부다

초등 토론뿐만 아니라 토론의 핵심 요소는 존중과 논리가 전부라할 수 있다. 토론은 어떤 주제에 관하여 주장하는 말하기다. 자신의 주장으로 상대방을 설득하는 과정에서 객관적이고 사실적인 의견에 바탕을 두어야 한다. 즉, 어떤 주제에 자기의 주장을 논리적으로펼치는 말하기다. 상대를 설득하기 위해서는 상대의 생각을 경청해야 하고 상대의 생각을 비난하는 것이 아니라 논리적으로 반박해야한다. 존중은 경청과 논리다.

토론에서뿐만 아니라 일상에서 논리 부재가 우리의 현실이다. 어떤 주제에 대한 주장은 자기 의견이다. 자기 의견은 자기의 생각이다. 주제에 대해 어떤 생각을 갖고 있느냐는 말하기인데, 논리 없이자기 생각이 옳다고 내세우기만 하면 말싸움이 된다. 아이들의 자기의견은 '왜?'의 논리가 없는 '이다'의 지식을 기반으로 한다. 왜 '~

이다'가 되었는지 원리를 생각하지 않고 지식을 입력해서다. 그래서 아이들의 주장은 부모나 교사, 혹은 그 어디에서 배우거나 들은 말이 전부다. 논리가 없다.

아이들이 알고 있는 지식을 놓고 "왜 그런 거야?"라고 물으면 "그냥 그렇데요", "책에 있었어요", "선생님(부모님)이 그렇다고 했어요" 하는 정도다. '왜냐하면 ~하기 때문이에요'의 논리로 대화하는 아이는 그리 많지 않다. 주변에 아예 없을 수도 있다.

주입식 교육에서는 '왜 그럴까?'의 생각이 작동하지 않기 때문에 논리가 존재하지 않는다. 주도학습은 '왜 그럴까?', '어떻게 하지?'의 생각이 작동하기 때문에 논리 또한 작동한다. 실제로 아이들은 자기주장에 대해 상대가 반박하면 논리적으로 설득하기보다 "어쩌라고" 하며 말싸움으로 끌고 가거나 언성을 높이면서 "내 말이 맞거든" 하며 우기기에 들어간다. 초등학교 저학년부터 모둠수업을 하지만 함께 앉아 각자 역할을 분담하여 결과물을 완성해낼 뿐 토론다운 토론이 아니다. 고학년이 되어 토론식 수업을 하더라도 목소리만 커졌을 뿐 비슷한 현상이 벌어진다. 성인들의 토론도 크게 다르지 않다. 유대인은 대화가 진정한 토론이다. 어릴 때부터 토라의 지식을 기반으로 '왜?'의 논리를 주고받는 대화가 일상이다. 주 1~2회 학원이 전부인 우리와 달리 유대인은 아빠의 무릎과 식탁이 학교이자 토론 학원이자 독서논술 학원이다.

존중 부재의 우리 현실에서 대화는 자기 말만 하는 수준이고 토론은 점잖은 공격이다. 토론은 서로의 논리가 쌍방향으로 오가는 것인데, 우리의 수준은 한 방향의 전달식이다. 이는 권위적인 수직관계 문화에서 비롯되었다. 유대인은 부모와 자녀, 교사와 학생 등 모든 인간관계에서 서로 수평적 관계를 유지한다. 우리나라는 부모와 자녀, 교사와 학생의 관계가 수직적이다. 기본적으로 '아이들이 뭘 알겠어'가 깔려 있다. 그저 아이들은 가르침의 대상이다. 어릴 때부터 권위 아래 순종을 배운다. 가장 많이 듣는 말이 '부모님 말씀 잘 들어라, 선생님 말씀 잘 들어라'이다. 이는 경청의 중요성을 말하는 것이 아닌, 순종의 강요다.

또한 아이들이 생각이나 진심을 말할 때 부모는 문제점을 지적하거나 해결 방법을 제시하거나 장난으로 응대한다. 부모의 지적이나 해결 방법이 자녀에게는 공격이나 비난이 되고 장난은 수치가 된다. 부모와 대화를 분석하면 부모 입장에서는 자녀를 위한 마음을 담았지만 자녀 입장에서는 부정적 감정을 촉발한다. 부모의 말에 자녀는 비난이나 공격, 침묵이나 주눅으로 방어를 하게 된다. 부모와 자녀 간의 일상적 대화에 자녀를 위한 마음은 있지만 존중은 없다.

선생님과의 대화는 더 권위적이다. 선생님들은 일대 다수의 학생을 지도, 관리해야 하니 단체 훈계나 일대일 훈계가 대화의 전부일 수밖에 없다. 존중받아본 경험이 없는 아이들이 어떻게 존중할 수 있겠는가. 나는 대화법지도자 자격증, 감정코칭 전문가 자격증, 하브루타 교육사 자격증이 있지만 존중을 배우지 못한 한 아이의 엄마이기도 하다. 딸과 일상에서 대화를 많이 하려 노력하지만, 존중의 빈곤으로 딸의 저항과 공격을 받을 때가 있다.

"엄마 마음과 내 마음이 다른데 왜 내 마음까지 가르치려 하세요."

"그건 엄마 생각이잖아요. 엄마 생각은 맞고 내 생각은 틀린 게 아니잖아요. 생각이 다를 뿐이잖아요."

"엄마는 갑이고 나는 을이라 엄마가 하라는 대로 할 수밖에 없는 처지라구요."

"자식 노릇이 이 세상에서 가장 극한 직업이래요."

이러한 딸아이의 저항과 공격으로부터 존중하는 데 인색했던 나 자신을 성찰하게 된다. 초등기에 아이들 입장에서는 논리지만 부모 입장에서는 비논리의 대답이 많다. 그럴 때 일상이 토론이 되도록 한다는 나의 입에서 "입 다물어!" 혹은 "알았으니까 그만해!" 하는 말이 확 튀어나온다. 어른의 권위에 순종하지 않으면 말대답하는 아이, 고집 센 아이, 되바라진 아이, 자기주장이 강한 이기적인 아이, 사회성이 부족한 아이가 된다. 자기 생각인 자기 논리를 존중받지 못한다. 이런 환경에서 자라는 아이들에게 친구들의 생각을 존중하라고 가르쳐도 배우지 못한다. 그러니 대화 중에 자기 말이 수용되지 않거나 반박을 받으면 공격하거나 주눅이 들게 된다. 아이들에게 자기 말에 반박은 지적이 된다. 지적받기 싫어서 말 안 하는 쪽을 택한다. 발표하기 싫은 이유다.

초등 토론은 말하기가 두렵지 않고 자유롭게 말하고 더 나아가 이야기하는 즐거움을 느낄 수 있어야 한다. 말하기가 두려운 것은 오답에 대한 두려움이다. 말을 듣는 사람의 평가에 대한 두려움이다. 말하기가 두렵지 않기 위해서는 의견에 맞고 틀림이 있는 것이 아니라, 다름의 인정으로 접근해야 한다. 토론에서는 부모나 교사는 가르치는 역할이고 아이들은 배우는 역할이 아닌 서로의 의견을 가진 다른 존재로 존중해야 한다. 어른들이 아이들의 의견을 틀렸다고 지적하지 않고 편안하게 들어주면 존중받고 있음을 느낀다. 존중받으면 자유로이 생각하고 편안히 말할 수 있게 된다. 자기 말을 존중받은 아이들은 친구들의 말을 존중할 줄 안다. 아이들은 가르치지 않아도 본보기를 통해 배우기 때문이다.

아이들이 청하지 않은 조언과 아이들의 욕구를 고려하지 않은 조언은 자기효능감을 낮춘다. 자기효능감은 자신이 어떤 과제를 수행해낼 수 있다는 믿음이다. 존중으로 자기효능감이 높은 아이들은 상대의 반박에 저항하지 않고 자기주장을 뒷받침할 논리를 찾는다.

초등 토론은 존중을 기본으로 한 논리가 전부라 해도 과언이 아니다. 초등기 자녀들과 토론을 한 번만 해본다면 알 것이다. 토론을 이어가지 못한다면 이어나갈 논리가 부족하다는 의미다.

토론은 발표와 다르다. 발표는 준비된 자료를 가지고 자신감으로 하는 것이고 토론은 예상하지 못한 어떤 반박에도 대응할 수 있는 논리로 하는 것이다. 논리가 탄탄한 사람들의 언어에는 힘이 있다. 자신감이 있다. 어떤 분야에서라도 토론을 잘하는 사람들은 그 분야에 대한 명확한 논리가 많으며 논리가 명확하년 자기 의견을 명확하게 주장할 수 있다.

논리가 명확하면 반박의 여지가 없으며 설득당할 수밖에 없다. 논리적 사고력을 키우는 데 좋은 교육 방법이 토론이다. 논리적 근거를 준비하는 과정에서도 논리적 사고력이 뒷받침되고, 상대의 논리를 듣고 추론하는 과정에서도 논리적 사고력이 뒷받침된다. 논리적 사고력은 생각하는 읽기와 질문 있는 대화에서 꽃이 핀다. 읽기와 대화가 일상생활이면 논리적 사고력은 매일 성장하고 다양한 측면에서 논리가 형성된다.

'읽기와 대화가 일상생활이 되면 된다'는 건 사실 말처럼 쉽지 않다. 이유는 위에서 설명했듯, 대화와 토론의 짝이 되어주는 우리 부모들의 교육 환경과 지금의 학교교육 환경에 있다.

자녀들의 생각을 닫아두는 교육에 내 자녀를 적응시키는 데 온 힘을 다할 것인가? 부모라도 생각을 열어두는 데 힘을 쓸 것인가? 나는 자녀가 스스로 생각하는 기능을 잃고 순종하는 인간으로 살기를 바라지 않는다. 학교의 규율과 규칙을 지키는 것이 사회성이라는 오류에 적응하는 인간으로 살기를 바라지 않는다. 그렇다고 내가 살고 있는 나라를 부정하거나 비난만 하고 싶지 않다. 부모는 학교교육과 교육제도를 바꿀 수는 없지만, 자녀교육은 바꿀 수 있다. 자녀교육은 부모가 선택할 수 있다.

열린 정보 세상을 사는 부모들도 학자와 교육 전문가들의 유튜브, 강의, 책을 통해 교육 인식이 다소 개선되었다. 급변하는 세상에 더 이상 주입식 교육으로는 앞으로 나아갈 수 없으며 환경에 적응하는 교육이 아니라 환경에 반응하는 교육의 필요성을 인식하고 있다. 스스로 생각할 줄 아는 성숙한 인간으로 교육해야 한다는 인식의 변화는 있으나 방법을 몰라 토론, 논술 학원에 위탁하게 된다. 학원에서 일주일에 몇 번 한두 시간으로 가능할까를 고민해볼 필요가 있다. 부모들이 토론에 대한 교육적 기술과 방법을 몰라서 학원에 위탁만 하면 초등기에는 오히려 토론 기술이 말문을 막는다.

　토론에서 가장 중요한 본질은 존중과 논리다. 존중과 논리만 챙겨도 충분히 자연스럽게 일상에서 토론할 수 있다. 우리는 모두가 토론 기술자들이 아니기 때문에 부모가 할 수 있을 만큼부터 시작하면 된다. 어른이라서, 부모라서 멋지게 토론하는 모습을 보일 필요는 없다. 그럴 능력도 없음을 스스로 인정하고 서툴더라도 시작하면 된다. 시작하면 문제점을 발견하고, 문제점을 발견하면 해결하려 노력할 것이다. 이 모든 것이 자녀와 함께라면 그 과정도 토론이 스며들어 있는 거다.

첫 번째는 존중하기다.

존중은 선(先)수용 후(後)지도 형식에 따른다. 자녀의 생각과 마음은 무조건 수용이다. 옳고 그름의 판단 없이 "네 생각이 그렇구나", "네 마음이 그렇구나" 하는 식으로 일단 받아주는 것이 수용이다. 자녀의 생각과 마음을 판단, 평가 없이 그냥 들어주려 노력한다. 잘 안되겠지만 그럼에도 노력하는 것이 부모의 역할이다.

그러고는 "너는 어떻게 하고 싶니? 어떻게 하려 하니? 엄마의 도움이 필요하니? 무엇을 도와줄까?" 하면서 생각과 마음을 물어주어야 한다. 우리는 흔히 지도를 해결, 조언, 훈계, 지적, 분석으로 착각한다. 우리 가족은 일상에서 존중의 대화를 하려 노력하지만 교육에 대해 잘 모르는 아빠는 바른 생각을 주려는 실수를 한다. 아빠의 바른 생각은 대개 옳고 좋은 의도이지만 소소한 대화를 단절시키거나 험악한 분위기로 만드는 촉매제가 된다. 그럴 때 윤활유가 되어주는 게 엄마 역할이다. 나는 "우리 딸이 그렇게 생각하는구나. 아빠는 이렇게 생각하시고" 하며 서로의 생각이 다르다는 것을 정리해준다. 자녀 입장에서는 자기 생각이 다름을 인정받은 기분이 들고 아빠 입장에서는 생각이 다름을 받아들이는 기회가 된다.

가르치려 하지 말고, 교훈을 주려 하지 말고, 자녀의 생각에 옳고 그름을 판단하려 하지 말고, 지적하지 말고, 부모의 권력을 행사하는 '꼰대짓'을 하지 말아야 한다. 존중에는 전문성이 필요 없다. 인간 대 인간, 개인 대 개인으로서 다름을 받아들이면 된다. 엄마의 전문성으로 덤벼

들었다가 대화마저 단절될 뻔한 위기를 경험하고서야 기술과 전문성을 버리고 토론의 가장 본질인 존중으로 돌아갈 수 있었다. 부모 대부분은 토론 무경험자다. 토론 수업을 하는 선진국의 교육 환경에서 자라지 않았다면 말이다. 부모와 자녀 모두 무경험자이므로 동등한 입장에서 시작한다는 마음을 가져야 한다. 그게 부모 역할이다.

두 번째는 논리 있게 하기다.

주입식 교육에는 논리가 없다. 암기식 공부에도 논리가 없다. 논리는 폭넓은 읽기와 경험에서 나온다. 한마디로 박학다식의 산물이다. 토론은 논리와 논리가 교차하며 치밀하고 정확하고 다양해지도록 한다. 초등 토론은 논리가 쌍방향으로 통하는 대화 정도면 충분하다. 자기 논리가 있으면 된다.

## 질문에 갇힌 아이들 구하기

 

질문 없는 토론은 없다. 질문은 생각을 이어가는 연결고리다. 질문은 토론을 끌고 가는 말이다. 질문은 대화를 통하게 한다. 질문은 발전을 불러온다.

유대인은 질문의 힘을 알고 실천하고 있다. 일상이 질문이다. 학생들끼리 짝을 이루어 서로 질문을 주고받으며 논쟁하는 하브루타는 유대인들만의 독특한 교육법이긴 하나 공부법이라기보다는 토론 놀이에 가깝다. 하브루타가 방법 천국인 우리나라에 들어와 유대인의 머리를 만들어줄 것 같은 공부법으로 둔갑한 듯하다. 질문 만들기, 질문 학습, 질문 연습이 하브루타의 전부인 것처럼 인식되고 있다. 내가 하브루타를 배운 곳에서도 그랬고, 내가 읽은 하브루타 책에서도 그랬다. 질문하는 이유는 질문 연습으로 더 좋은 질문을 만들기 위해서가 아니다. 질문의 이유는 답을 구하는 것에 있다. 유대인 부모나 교사는 학생이 궁금증을 느낄 때 부담 없이 질문할 수 있는 환경을 조성하고 함께 토론을 이어가지만, 답을 가르쳐주지 않는다고 한다. 스스로 답을 찾을 수 있도록 유도만 하는 게 어른의 역할이다. 아이들이 답을 찾는 과정을 통해 지식을 완벽하게 체득할 수 있고 새로운 해결법을 찾아낼 수 있다. 답을 찾아가는 과정에서 질문이 꼬리를 이어 새로운 창조가 탄생하기도 한다.

'물고기를 잡아주지 말고 잡는 방법을 가르쳐라.'

유대인의 이 격언처럼, 그들은 스스로 잡는 방법을 찾을 수 있도록 유도하는 것이다. 우리나라는 잡는 방법도 주입식으로 가르친다.

우리나라는 물고기 잡는 방법을 1번부터 아주 세밀하고 구체적으로 주입하는 교육이 활개를 친다. 대한민국 교육 현장은 그야말로 방법들의 천국이다. 토론법, 독서법, 질문법, 공부법, 관계법, 글쓰기법, 논술법 등 좋은 방법들을 주입하느라 아이들이 더 바빠졌다. '어떻게'의 방법도 물론 필요하지만, 그것에 선행되어야 할 건 수행의 이유와 동기다. 유대인의 일상적 토론 놀이인 하브루타는 어느새 변질되어 유대인처럼 생각하는 힘을 키우겠다며 질문 학원, 학습 자체가 된 듯해 안타깝다.

우선 우리나라 질문 문화를 살펴보면 '질문이 없는 나라, 질문하지 않는 아이들'의 꼬리표를 달고 있다. 아이들이 경험하는 질문은 크게 두 가지다. 하나는 엄마의 질문으로 과장된 심문이다. 의미, 가치, 생각, 마음을 묻는 질문보다 확인이나 다짐을 받는 심문이다. '학교에서 재미있게 놀았니? 뭐 배웠니? 잘 다녀왔니? 숙제는 했니? 오늘 숙제는 뭐니? 뭐 먹었니? 뭐 먹고 싶니? 손 씻었니? 몇 시까지 놀거니? 언제까지 할 거니?' 등이 일상생활에서 주로 접하는 심문 같은 질문이다. 또 하나는 학교, 학원, 문제집에서 정답을 맞히는 문제의 질문이다. 질문(question)이라는 단어 안에는 탐색(quest)라는 말이 담겨 있다. 질문은 탐색하고 싶은 마음이 들면 저절로 하게 된다. 탐색이 곧 질문이다. 질문은 가르치거나 하게 하는 게 아니라 탐색하는 과정에서 스스로 하는 것이다.

아이들이 질문을 하지 못하는 이유는 무엇일까? 나는 수업 시간에 한순간 조용히 시키는 방법을 알고 있다. 질문이다. 교사가 질문을 한다고 할 때와 학생들에게 질문하라고 할 때 숨소리마저 조용해진다. 아이들 수업뿐만 아니라 어른들을 상대로 한 강의에서도 같은 현상이 일어난다.

우리가 질문하지 못하는 것은 질문에 갇혀 있기 때문이다. 질문 방법을 알려주거나 질문 만들기 과제를 주면 많은 질문을 해내지만, 일상에서는 질문하지 않는다. 탐색의 질문이 아니라 방법의 질문이기 때문이다. 질문을 만들기 위한 질문이지, 답을 알고자 하는 질문이 아니다. 우리의 질문에는 스스로 답을 찾아가고자 하는 욕구가 없다. 우리 아이들이 경험하는 질문에는 답이 정해져 있다. 아이들 입장에서는 어차피 정해져 있는 답인데, 헛수고하느니 정해진 답을 외워서 맞히는 게 더 효율적이다.

유대인 격언을 우리나라 교육 문화에 맞게 바꿔보면 '물고기 잡는 방법을 가르치지 말고 물고기를 잡고 싶은 마음이 들게 하라'다. 질문에 갇힌 아이들에게 탐색하고 싶은 마음이 들게 유도하면 자연스럽게 질문을 하고 자기 질문에 답을 스스로 찾고자 할 것이다. 부모나 교사는 유대인처럼 아이들을 교육하기 위해 무엇을 해야 할지 탐색하면 된다. 질문은 교육의 수단이 아니라 삶의 수단이어야 한다.

심문하는 습관을 가진 부모들에게 스스로 질문하게 하고 질문에 대한 답을 스스로 찾아가도록 유도하는 것은 어렵다. 나도 처음 하브루타를 접할 때는 질문도 연습이 필요하다며 아이에게도 나 스스로에게도 의도적으로 질문하고, 그림 동화나 탈무드처럼 짧은 글을 읽고 질문 만들기를 했다. 어설프게 배운 엄마가 아이를 질문에 가두고 있었다. 질문하면 알고 싶은 마음이 드는 게 아니라, 알고 싶은 마음이 들면 질문이 생긴다. 질문이 없으면 저절로 정숙해진다. 대화가 없어진다. 준비된 질문만 하는 앵무새 질문으로는 토론을 할 수 없다. 토론이라 쓰고 서로 준비된 주장과 논리 말하기 잔치를 한다.

일상을 함께하면서 학원에 위탁교육을 하지 않고 가정교육을 하면 유대인처럼 토론 놀이를 여유롭게 해볼 수 있겠지만 사실 어려운 실정이다. 짝이 없고, 질문이 없고, 토론할 기회가 없는 환경이기 때문이다. 하지만 그럼에도 스스로 방법을 찾는 사람에게는 방법이 보인다.

우선 해야 할 것은 부모가 먼저 질문 즐기기다.

질문을 의도적으로 만들려거나 하려고 노력하지 않아도 책을 읽다 보면 질문하게 된다. 질문을 아이와 나누며 본보기가 되어준다. 나는 감동받거나 놀라운 이야기를 읽었을 때 "와! 이럴 수가! 딸, 들어봐" 하며 내용을 설명하고 생긴 질문에 자기 생각을 나눈다. 《빙점》을 쓴 미우라 아야코의 이야기를 통해 예를 들어볼까 한다.

미우라 아야코는 생활이 어려워 작은 구멍가게를 차렸다. 아야코의 구멍가게는 나날이 번창했지만, 주변의 다른 가게는 파리를 날리게 되었다. 남편의 "우리 가게는 잘되어 좋지만 주위 가게가 우리 때문에 안 되면 어떻게 하나" 하는 말을 듣고 일정 물건 외에 들이지 않았다. 주변 가게에 손님이 생기고 아야코에게 시간의 여유가 생기자 틈틈이 펜을 들어 글을 쓴 것이 《빙점》이라는 소설이다. 이 이야기에 관한 우리 모녀의 대화다.

엄마: 너라면 어떻게 할 것 같니?

딸: 장사가 잘될 때 돈 벌어야죠. 어떻게 옆 가게를 신경 써요.

엄마 : 나라면 어떻게 했을까 생각해봤는데, 남 걱정하는 남편을 어리석다고 나무랐을 것 같아. 그런데 아야코와 남편은 어떻게 물질의 욕심을 내려놓을 수 있었을까?

딸: 욕심을 내려놓으니까 복을 받네요.

엄마: 명상이나 마음 수행으로 욕심을 비웠나? 작은 구멍가게를 대

기업으로 키우는 게 경영이잖아. 마트가 생겨서 재래시장이 장사가 안되는 것과 같은 이치잖아.

감동받거나 놀라운 이야기를 공유하면서 생각도 공유한다. 특별한 방법으로 질문하고 대화하고 토론한 건 아니다. 일상에서 수시로 특별한 방법 없이 질문과 대화를 하면서 호기심을 키우고 인간을 탐색하기를 즐긴다.

인간의 가장 원초적 본성인 자유가 억압되면 거부, 저항, 반항을 하게 되어 있다. 부모는 좋은 방법으로 좋은 것을 가르치려 하기보다 부모의 호기심과 탐색을 나눈다. 부모를 모델링하여 자녀도 자기 호기심과 탐색을 나눈다. 자녀의 질문으로 시작된 대화에는 네 호기심 덕분에 대화가 재미있었다거나 새로운 사실을 알게 되었다거나 생각해보지 못한 세계를 볼 기회를 가졌다는 긍정적인 반응을 한다. 자녀 호기심에 대한 부모의 긍정적인 반응은 호기심을 살리는 동기가 된다.

# 04
## 자기 말부터 하게 한다

토론은 과학적 논리에 자기 논리가 더해져야 설득력이 있다. 자기 논리에는 생각과 마음이 작용한다. 생각과 마음이 인간을 연민할 줄 알고 삶의 이치를 역행하지 않을 때 사람의 마음을 움직인다. 자기 논리는 인성이 바탕이 되어야 한다. 과학적 논리에는 반박당하고 인성이 바탕이 된 자기 논리에는 설득당한다. 과학적 논리는 지식의 축적이니 시간이 필요하다. 초등기에는 인성의 기반을 다지는 시기로, 자기 논리를 키울 때다. 복잡하고 어려운 방법과 기술은 집어치우고 가장 쉬운 자기 말부터 하게 하자.

자기 생각과 자기 마음이 자기의식의 체계로 정리된 자기 말이 자기 논리다.

'우리의 자녀가 자기 말을 하고 있는가?'

이 문제의 해결을 위해서는 말문을 열어놓고 자기 말을 닫는 현실을 직시해야 한다. 아무리 교육열이 높고 방법교육으로 안되는 게 없다지만 자기 말을 가르치는 학원은 없기 때문이다.

자녀가 어릴 때 말이 늦으면 걱정을 하고 다양한 방법으로 말문이 트이도록 노력한다. 영아기에는 말이 늦으면 가장 큰 걱정거리라 말하기의 교육에 집중한다. 그렇게 절박한 마음으로 말문이 열리도록 노력하는 이유는 무엇일까? 말하기는 인간 욕구를 표현하는 가장 중요한 수단이다. 그렇다면 말문을 열어놓고 자기 말을 막는 이유는 무엇일까? 자기 말을 할 줄 모르는 아이가 어떻게 자기 삶을 살 수 있겠는가. 토론을 할 수 있겠는가?

자기 생각, 자기 마음을 말로 자유롭게 표현 가능한 초등학생들의 하루를 살펴 자기 말하기를 얼마나 하고 있는지 알아보자.

초등학교 6학년 딸아이는 7시 30분쯤 일어나 샤워하고 밥 먹고 학교 가기 바쁘다. '학교에서 얼마나 입을 열고 있을까'는 모두의 짐작대로 일 것이다. 40분 수업 시간 동안 얼마나 많이 말할 수 있을까. 10분의 휴식 시간 동안 친구들과 말은 하겠지만 자기 생각을 말할까. 놀기에도 부족한 시간이다. 말놀이는 하겠지만 친구들끼리 둘러 앉아 자기 삶에 대해, 자기 생각에 대해, 자기 욕구에 대한 말을 하지 않는다.

학교 수업이 끝나고 집에 도착하면 3시. 3시부터 6시까지는 자유 시간이다. 초등학교 저학년까지는 자유 시간에 밖에서 논다. 고학년이 되면서부터는 혼자만의 시간을 즐긴다. 대개의 아이는 이 시간에 학원을 간다. 학원과 학교 수업 방식은 비슷하다. 자유 시간에도 자기 말을 할 기회를 애써 만들지 않으면 없다. 학년이 올라갈수록 자기 시간을 방해하지 말아달라고 경계선을 긋는다. 엄마가 말을 시키는 걸 싫어한다.

6~7시쯤 한 시간 저녁을 먹는다. 저녁 먹는 시간에야 잠깐 서로의 대화를 나눈다. 7시 이후에는 공부 시간이다. 딸아이는 공부할 때 설명을 하는 습관이 있어서 말을 많이 하는 편이지만 지식 설명하기 정도이지 자기 말하기는 아니다. 나는 일부러 자기 말을 할 수 있는 시간을 마련하지만, 대개의 가정에서는 부모보다 자녀가 지식 벌이로 더 바쁜 하루를 보낸다. 나는 의도적으로 이웃 초등학생, 중학생에게 말을 건다. 어디 가는지, 무슨 학원을 가는지, 재미있는지, 학교생활은 어떤지 등등. 아이들의 대답은 "예, 아니오, 몰라요, 그냥이요, 엄마가 가라고 해서요" 등으로 반응하거나 침묵한다.

엄마에게 들은 말, 책에서 읽은 말, 선생님에게 들은 말, 친구에게 들은 말은 비교적 쉽게 전하지만 자기의식 체계의 생각과 마음을 말하지 않는다. 왜일까?

자기 말을 한다는 것은 자기와 연결되고 있음을 의미한다. 자기 생각, 자기 마음을 살피고 정리하고 묻고 대답할 기회가 없다. 자기를 알아야 만족한 삶, 행복한 삶, 의미와 가치 있는 삶으로 연결된다. 자기와 단절되면 마음이 병을 앓게 된다. 자기 말을 한다는 것은 논리의 열거가 아니라 자기와의 연결이다.

어디서나, 어떤 상황에서나 자기와 연결하고 자기 의견을 자유롭게 말할 분위기에 토론 방법과 기술이 더해지면 토론이 쉬워진다. 무엇보다 의식이 건강해진다. 토론하는 방법을 익혀서 토론 수업을 하더라도 일상으로 스며들기까지는 상당한 시간이 걸린다. 어쩌면 일상으로 스며들기 전에 마음과 생각이 굳건히 닫히게 될지도 모른다. 아이들이 하는 말에는 눈치도 없고, 논리도 없고, 예의도 없다는 것을 받아들이되 방법을 가르치려 하지 말고 말을 막지 말아야 한다. 성장하면서 배움을 통해 생각이 생기고 영글어지고 다분화되면서 자기 논리도 생기고 눈치도 생기고 예의도 생기고 언어적 배려도 생긴다. 초등기에는 자기 말을 할 기회가 학원의 교육보다 먼저다.

요컨대 자기와 연결하는 아이는 자기 삶에 질서를 찾으며 자기 삶을 당차게 살아간다.

부모 역할은 자기 말을 할 기회를 만들어주는 거다. 가정이 아니면 자기 말을 할 기회가 없다. 아이들은 자신이 보호받을 수 있다고 믿는 안전한 곳에서 진심을 털어놓는다. 내 아이를 보호할 가장 안전한 사람은 부모이고, 장소는 가정이어야 한다. 자기와 연결하기, 즉 자기를 아는 것이 가장 중요한 공부이기에 독토글 전반에 의도적인 노력을 들이지만 자기 말을 할 기회를 하루 두 번 갖는다.

한 번은 학교에서 돌아온 5분의 시간이다.

5분은 짧고 가볍게 정도의 의미이지, 딱 5분이 아니다. 자녀가 학교에서 돌아오면 간식을 챙겨준다. 간식을 먹으면서 따끈따끈한 학교 소식을 들려달라고 부탁한다. 학교생활을 캐물으려는 의도는 없다. 부모의 숨겨진 의도를 알면 아이들은 입을 닫는다. 학교에서 재미있는 일이 몹시 궁금하다는 마음으로 묻는다. 부모의 마음에 진정성이 느껴지면 편안하게 조잘조잘 이야기한다. 초등생 아이들은 자기중심적으로 말하기 때문에 학교생활 이야기가 자기 이야기다.

나의 역할은 경청하면서 반응만 해준다. 옳고 그름을 판단하는 판사의 역할이나 지도하는 선생님의 역할은 하지 않는다. 아이가 웃으며 말할 때는 웃어주고 부정적 정서로 말할 때는 같이 공감해주며 궁금한 것들은 물으며 따스한 대화 시간을 갖는다. 일전에는 6년 만에 처음으로 국어 시간에 철학적인 것을 배웠다며 이야기를 들려주었다. 사람들은 '그냥'이라는 말을 자주 하는데, 이 말은 생각하지 않고 산다는 것을 의미하는 것이고, '왜냐하면', '어떻게', '왜'라는 질문으로 생각하며 살아야 유의미한 삶을 살 수 있다고 했다.

그냥 보내는 일상을 의미와 가치를 더하는 일상으로 보내려면 생각을 해야 한다는 걸 배웠다는 말도 했다. 학교생활 5분 대화가 아이들 소꿉장난할 거리만 있는 게 아니다.

학교에서 무엇을 배우고 어떻게 생각하고 있으며 아이 삶에 어떻게 반영하는지 듣는 아주 귀한 시간이다. 의도적으로 "학교에서 재미있었던 이야기를 들려줘" 하며 정말 듣고 싶은 호기심 가득한 눈빛으로 요청한다.

어느 날은 "딱히 재미있는 게 없었어요"라고 할 때도 있다. 그럴 때는 "오늘 점심 메뉴는 뭐였어?" 하는 식의 가장 원초적인 질문으로 학교생활 대화거리의 문을 연다. "오늘 점심 어땠어?" 하는 질문에는 "좋았어요", "맛있었어요", "별로였어요" 하는 식의 닫힌 대답을 하게 되기 때문에 자녀가 말할 수 있는 열린 질문으로 메뉴가 무엇이었는지를 묻는다. 점심 메뉴 말하기를 통해 학교에서 있었던 일이 감자덩굴처럼 주렁주렁 입 밖으로 나온다. 수업 시간에 친구들과 장난친 이야기, 수업 시간에 졸게 된 이야기, 쉬는 시간에 있었던 이야기, 친구들과 놀았던 이야기 등을 들으면 옛날 학창 시절도 생각나고, 아이들의 정서도 알게 되어 재미있다. 깔깔깔, 엄마의 웃음소리에 함께 자신도 웃으며 더 신나게 이야기를 한다. 5분의 짧은 시간이지만 매일 자녀는 자기 말을 충분히 하고 엄마는 학교생활과 자녀의 마음과 성장을 듣는다.

또 한 번은 잠자기 전이다.

잠자기 전에 팔베개하고 누워 자기와 연결하는 시간을 갖는다. 사춘기를 시작한 딸아이는 달달한 연애를 하고 싶다고 했다. 엄마의 마음으로는 달달하게 공부를 하라고 가르치고 싶었지만, 딸아이가 자기 말을 할 수 있도록 경청한다. 자기 말을 끌어낼 수 있는 마중물의 질문을 해준다.

"네가 생각하는 달달한 연애는 어떤 거니?"

그날 우리 모녀는 연애를 화두로 달달한 대화를 오래 나누다 잠들었다. 불을 끄고 엄마와 신체 접촉을 한 상태에서는 편안하고 자유롭게 자기 말을 하게 된다. 이 시간은 잠자기 전 부정적 감정을 정리하고 사랑의 밀도를 높이는 기회다.

이처럼 하루 두 번 의도적으로 자기 말을 할 수 있도록 대화 시간을 갖는다. 초등기에 자기 생각, 자기 마음을 자기 언어로 표현해낼 수 있는 능력을 키운다. 영어로 '좔좔좔' 말할 수 있어도 자기 말을 할 줄 모른다면 영어 앵무새에 지나지 않는다. 초등기에 무엇이 선행되어야 하는지 아이들은 모른다. 부모의 현명한 판단과 안내가 필요하다.

# 토론 학원 안 가고 여행 간다

토론의 중요성, 주입 방식에서 토론 방식으로의 교육 방식의 변화, 토론과 아이들의 미래에 대한 인식은 높아졌다. 부모들의 높아지는 인식은 교육 부재의 불안으로 작용하여 사교육으로 눈길을 돌리게 한다. 아이들에게 토론 사교육 하나가 더 얹어졌다. 토론의 이유에 대해 생각해본 적 있는가. 2022년 대선 TV 토론을 갓 열네 살이 된 딸아이와 함께 봤다. 열네 살짜리에게 토론은 언변과 됨됨이었다. 후보의 말솜씨를 들으면서 외교력을 평가했고 말하는 태도를 보면서 사람 됨됨이를 평가했다. 아마도 토론의 이유가 열네 살 아이의 이유와 비슷하지 않을까 한다.

말과 태도는 사람의 능력과 됨됨이를 밖으로 볼 수 있는 수단이지만 어른은 보이지 않는 것을 볼 수 있어야 한다. 우리에게 토론의 이유는 시험 합격, 좀 더 유리한 사회생활 역량이기에 면접시험과 멀리 있는 초등기에는 토론이 외면당한다.

우리가 상식적으로 알고 있는 유대인과 하버드대학교의 교육 방식은 독토글이다. 세계적인 기업과 대학교도 독토글이다. 그들의 이유는 말솜씨와 태도처럼 보이는 밖에 있지 않다. 보이지 않는 안에 있다. 토론과 글쓰기는 보이지 않는 생각을 보는 수단이다. 독토글의 목적은 상상과 창의 등의 생각이 혁신, 혁명, 발명의 현실화에 있다. 에디슨은 '밝은 불의 상상'으로 전구를 발명했고, 라이트 형제는 '새처럼 날개가 있다면' 하는 상상으로 비행기를 발명한 것처럼 말이다. 뉴턴이 산책길에 사과가 떨어지는 것을 보고 만유인력의 법칙을 이끌어낸 것처럼, 아르키메데스가 목욕탕에 들어갔다가 '유레카'를 외친 것처럼 말이다. 일상의 불편함이 혁신이고 일상의 상상이 발명이다.

토론의 이유가 명확해지니 초등교육에 토론을 외면할 수가 없었다. 교육의 이유가 명확해지니 틀이 있는 교육 및 방법교육보다 자유로운 독토글의 교육과 일상교육에 집중할 수 있었다. 이유가 명확하다고 교육을 어떻게 해야 할지 명확한 것은 아니었다. 나는 혁신가, 발명가 같은 성향을 갖고 있지 않다. 그저 부모라서 역할을 다하고 싶은 마음뿐이었다. 자녀를 키운다는 것은 사랑과 관심을 들이는 시간을 의미한다.

예를 들어 식물을 키우려 할 때 그 식물의 특성을 알아야 하고 특성에 맞게 환경을 조성해줘야 한다. 일시적으로 한두 번의 관심과 환경이 아니라 지속적이어야 한다. 키운다는 것은 나의 사랑과 노력과 시간을 들인다는 것이다. 자녀를 키워야 하는 부모라서 내 시간을 들여 자녀의 특성과 관심을 알고 자녀가 살아갈 세상을 공부하다

보니 어떤 노력을 해야 할지가 보인다. 내가 아는 만큼, 보이는 만큼 노력하며 부모 노릇을 하는 중이다. 사람은 모두가 다르기에 자녀를 키우는 일에 옳고 그름은 없다. 내가 알아본 바, 초등기에는 자율성(자기 효능감, 자존감, 회복탄력성, 자기 조율)을 존중하며 배우는 즐거움을 경험하는 교육이 필요했다.

그래서 나는 아이의 손을 잡고 학원 대신 여행을 간다. 엄마와 함께하는 일상생활에서 사랑과 이치를 느끼고 보고 듣는 데 집중한다. 직장생활하는 부모의 사정을 고려하면서 가급적 여행을 자주 다니려 노력한다. 초등기 자녀와의 여행지로 좋은 장소는 딱히 없다. 서울 역사 여행, 박물관, 축제장 어디라도 좋다. 어디를 가더라도 그곳에 역사와 변화를 보고 느끼고 생각하고 상상한 것을 나눌 대화의 장이 되기 때문이다.

직접 보면 상상과 창의가 더 활발히 이루어지고 지식과 연결되면 새로운 생각이 자란다. 우리 가족은 2021년 6월쯤 진도 여행을 3주 간격으로 두 번 한 적이 있다. 처음 여행에서 목포쯤에서 LNG선을 봤을 때 남편은 딸에게 창문 밖으로 LNG선을 보라고 말해주었다. 딸아이는 한 번 훑어보더니 시선을 돌려 다시 잠을 잤다. 아빠의 알려주기 대화는 시작도 못하고 끝났다. 일상의 대화가 자연스럽지만 대화가 이어지지 않고 끊어질 때가 있다. 대화를 하고 싶지 않거나 대화할 재료가 없을 때다. 3주 뒤 같은 장소를 지날 때 처음 본 것처럼 남편이 LNG선을 보라고 말해주었다. 대화의 장이 열렸다.

아빠: LNG선 봐봐.

딸: 아빠! 우리나라가 경공업으로 시작했는데 중화학공업으로 바뀐 거

알아요?

엄마: 경공업은 뭐니?

딸: 경공업은 가벼울 경 자, 만들 공 자를 써서 가벼운 재료로 만드는 목화나 가발을 사람이 직접 만드는 거예요. 중공업은 경공업보다 무거운 철 같은 재료로 배나 자동차를 만드는 거예요.

엄마: 아! 그렇구나. 그런 걸 어떻게 알았니?

딸: 어제 학교에서 사회 시간에 배웠어요.

아빠: 우리나라는 왜 가장 먼저 경공업을 했을까?

딸: 우리나라가 가난하니까 공장이나 기계가 없어서 사람 손으로 만드는 일을 한 것 같아요.


아빠와 딸은 경공업과 중공업의 발달에 대해 많은 대화를 나누었다. 그리고 아빠는 반도체 산업까지 이야기해주었다. 서로 알고 있는 지식을 대화의 재료로 진지하고 흥미롭게 이어가다가 딸아이가 대화를 확장하는 질문을 했다. 그렇게 질문은 호기심으로부터 절로 살아 나온다.


딸: 미래에 중요한 산업은 뭔지 아세요?

엄마: 그거야 인공지능이지.

딸: 인공지능도 맞는데요. 정확히 말하면 항공우주산업이에요.

엄마: 왜?

딸: 인간이 지구를 너무 망가뜨려서 또 다른 지구처럼 인간이 살 행성을 찾아야 해요. 세계여행을 하듯이 우주여행도 할 거구요.

엄마: 그렇겠구나. 넌 그런 걸 어디서 봤니?

딸: 경제 신문에서 읽었어요.

엄마: 그럼 네 용돈으로 항공우주산업 관련 주식에 투자해야겠구나.


같은 장소를 두 번 갔지만 전혀 다른 상황이 된 것은 그동안 배운 지식의 차이다. 어떤 장소라도 몇 번을 가더라도 직접 체험의 여행은 교육이 될 수 있다. 부모가 약간의 노력과 시간을 들인다면 말이다.

배운 지식에 체험이 더해지면 지적 대화가 원활해진다. 지식을 배우는 것도 중요하고 현장 학습도 중요하다. 자녀와 부모가 독서를 하면 지식이 다양하게 풍부해지는데, 이는 대화의 재료가 되니 수시로 지적 대화가 가능하다. 함께 여행하면 자연스럽게 대화의 장이 열린다. 우리 가족은 여행할 때 아주 많은 대화를 한다. 토론 학원을 가지 않고 여행을 가는 이유는 대화의 재료를 만들기 위해서고, 생각의 재료를 만들기 위해서고, 대화의 장을 열기 위해서다. 직접 경험은 자기 스스로 동기를 일으키는 중요한 배움의 시간이 된다.

초등학생들의 대화 중 유행어처럼 하는 말이 '어쩔'이란다. '어쩔'은 지식의 부재다. 친구의 말에 반박하고 설득할 논리가 없으니 '어쩔'이라는 단어를 무기로 꺼내는 게 유행이다. 자기가 경험해서 알고 있는 바에 의한 것이거나 전문가들이 연구로 밝혀놓은 지식을 알고 있는 걸 말하면 반박할 그것보다 더 강한 논리와 지식이 필요하다. 다양한 읽기로 지식을 쌓고 경험으로 지식을 쌓아두면 논리가 충분하기에 어떤 주제의 대화나 토론을 하더라도 즐겁게 참여할 수 있다.

첫 번째는 주기적으로 서울 여행을 계획하기다.

그 나라의 수도는 발전이 가장 빠른 도시다. 세상의 변화를 경험할 수 있다. 학원에 가면 고정된 지식을 배우지만 서울에 가면 살아 있는 세상의 변화를 본다. 인공지능 시대에는 상상력과 창의성이 더욱 요구된다. 상상력과 창의성은 학교나 학원에서 배우는 고정된 지식으로만은 불가능하다. 오히려 지식을 고정하면 인간의 본성인 창의성과 상상력에 방해 요인이 된다.

변화하는 세상을 종이로만 보는 아이와 종이로도 안 보는 아이와 직접 눈으로 보고 체험하는 아이는 다르다. 지식은 머리를 움직이게 하지만 직접 체험은 가슴을 움직이게 한다. 머리의 지식과 직접 체험이 연결되면 무한한 상상과 창의가 융합되어 세상의 변화를 일으킬 그 무엇이 탄생할 수 있다. 서울 도서관, 서울 서점, 서울 박물관, 서울 극장, 서울에서 열리는 행사. 서울에 있는 궁, 청와대, 남산타워 등 해마다 다녀온다. 코로나19로 서울 여행은 중단되었지만, 위드 코로나가 되면 다시 서울 여행을 할 계획이다. 중 · 고등학생 때는 서울 소재 대학 나들이를 할 계획이다.

두 번째는 여행 중 자녀를 미디어에게 위탁하지 않기다.

부모들도 편히 쉬고 싶은 힐링 목적이라 자녀가 귀찮게 하는 것에서 해방되고 싶은 마음은 이해되지만, 자녀를 키우는 일에는 부모의 노력과 시간이 필요하다.

특별히 볼거리가 없는 듯한 캠핑에서도 나는 자녀를 미디어에 양보

하지 않고 대화의 꽃을 피운다. 불을 피워놓고 둘러앉으면 자연스레 이 야기가 시작된다. 주로 자기 관심사로 대화의 문을 연다. 딸아이가 역 사책에 푹 빠져 있을 때는 역사 이야기를 먼저 풀어낸다. 다른 가족들 은 먼저 이야기를 풀어낸 내용에 대한 자기 생각이나 느낌을 말하기도 하고 궁금한 것들을 질문하기도 한다. 맛있는 요리도 함께하고, 설거지 도 함께하고, 그렇게 같이하는 여행이 캠핑이다. 이 귀한 시간을 미디 어에 양보하지 않는다.

사실 아이보다 어른이 더 문제다. 남편은 '미디어살이'를 한다. 남편 의 귀에는 잘 때도 블루투스 이어폰이 꽂혀 있을 때가 있다. 남편은 미 디어에 양보해도 자녀는 미디어에 양보하지 않으려 필사적으로 노력 한다. 모녀가 대화를 즐기면 어느새 남편도 미디어를 뒤로하고 함께 자 리한다. 마찬가지로 부모가 대화를 즐기면 어느새 자녀도 미디어를 뒤 로하고 함께한다. 자녀의 개입이 귀찮아서 부모 스스로 미디어에 양보 하니까 미디어살이를 하는 거다. 힐링 여행은 생각을 멈추고 자고 먹고 즐기기 위함이 아니라, 자신을 편안한 곳에 놓아두고 생각을 정리하기 위함이다. 여행의 이유는 저마다 다르지만 나는 자녀와의 여행에서만 큼은 '함께'를 소중히 여긴다.

## 설명을 부탁한다

미국 교육연구소(NTL)에서 발표한 학습 피라미드에 따르면, 학교나 학원에서 교사가 강의로 설명하는 교육은 5%, 학생들이 스스로 읽으면서 하는 공부는 10%, 시청각 교육은 20%, 시범이나 현장 견학은 30%, 그룹 토론은 50%, 직접 해보는 체험은 75%, 친구 가르치기, 설명하기는 무려 90%의 효율을 갖고 있다고 한다. 나는 이 연구를 직접 경험으로 체험하고 있는 강사다. 강의는 일정한 내용을 체계적으로 설명하는 것이다. 설명은 일정한 내용을 상대편이 잘 알수 있도록 하는 말하기다. 강의할수록 자신이 아는 것과 모르는 것을 자각하고 스스로 문제점을 찾아내어 해결하며 자신의 학습 과정을 조절할 줄 아는 지능과 관련된 인식인 메타인지 능력이 발달하고 있음을 경험한다. 강사가 되어 독토글의 작용을 직접 경험하니 자녀의 독토글 공부에 집중하게 된다. 독서는 지식의 창고다. 토론은 메타인지의 발전소다, 글쓰기는 입지(立志)다. 강의 내용을 업그레이드하기 위해 독서는 필수이다. 강사는 책, 신문, 경험을 통해 세상을 읽고 이치를 읽고 사람을 읽어야 한다. 읽은 것을 글로 쓰면서 자기의 뜻을 세운다. 지식과 자기의 뜻을 정리하여 학습자가 잘 알 수 있도록 설명한다.

학자들이 연구한 결과와 내가 강사로서 경험한 결과는 의심할 여지가 없다. 신뢰하는데, 문제는 '어떻게 초등기 자녀에게 전할 것인가?'이다. 방법을 찾기 위해 강사가 되기까지의 시간을 돌아보았다. 어린 시절부터 전문 강사가 되기까지 나에게 말하기란 두려움이었다. 말하는 재주도 없었다. 사람들과 대화에서도 주로 듣는 쪽이었다. 쉽고 유머 있게 대화를 주도하는 사람들의 말솜씨가 부러웠다. 유치원 교사가 되니 유아기 아이들이 이해할 수 있도록 자세하게 가르치는 말 기술은 늘었다.

남편과 딸이 자세히 가르치는 말에 짜증을 내며 핵심만 짧고 쉽게 말하면 좋겠다고 했다. 가르치지 말고 원하는 말을 하라고 했다. 나의 현실이 이러한데 무슨 도움을 줄 수 있을까. 그러나 돌아보니 나는 꾸준히 말을 하고 있었다. 두려웠지만 말을 했고, 가르치는 말하기였지만 말을 했고, 독토글의 삶을 살면서 강사가 되어 말을 하고 있었다. 자화자찬 명강사다. 중요한 것은 꾸준히 말을 할 환경이 주어졌다는 것이다. 시간의 축적은 능력을 키운다. 나를 돌아보면서 자녀에게도 설명할 환경을 주면 된다는 결론을 얻었다.

아이들은 설명하기가 필요한 역량이 아닌, 기본 능력인 시대를 살고 있다. 자기 생각이 없거나 자기 생각을 설명해내지 못하면 살아가기 힘들다. 지금은 네트워크 시대다. 사람과 사람 간의 모든 것이 연결되어 있다. 말과 글로 설명되어 사람의 마음을 움직이는 것들만 오래 살아남는다. 이제 읽기, 쓰기, 말하기는 미래의 생존 능력이 아니라 현재의 기본 능력이다. 직업 능력의 50% 이상은 설명 능력이다. 회의, 토론, 프레젠테이션, 발표, 사업설명회 등 설명 능력이 기본요소다. 첨단 기술이 모인 실리콘밸리에는 언제, 어디서나 토론이 일상이라고 한다.

나와 다른 세상을 사는 아이에게 설명할 기회는 더 절실했다. 초등학교 1학년 때부터 아이 수준에 맞게 설명을 부탁했다. 초등기 저학년 때는 교과서를 설명하게 했다. 학교에서 받은 교과서는 사물함에 두고 오니 교과서를 한 권씩 구입했다. 초등 교과서는 지역 학습서점에서 쉽게 구입할 수 있다. 그날 배운 내용을 설명하는 게 공부였다. 초등학년 2, 3학년 때는 매일 읽는 어린이 신문에서 재미난 소식을 전해달고 부탁했다. 신문 읽기에 재미를 붙인 후에 재미난 소식을 엄마도 알 수 있게 전해달라고 부탁했다. 엄마가 신문을 읽으니 다 알고 있지 않냐는 아이의 말에 "어린이 신문이랑 다르고 네 이야기는 참 재미있으니 해달라"고 부탁했다. 초등학교 3, 4학년 때는 생각을 설명해달라고 부탁했다. 초등학교 1학년 때부터 고전을 읽은 뒤 필사하고 그에 관한 생각 쓰기를 했다. 생각 쓰기를 한 것을 바탕으로 서로 설명하는 시간을 가졌다. 그리고 일상생활에서 의도적으로 엄마의 설명을 멈추고 아이가 설명할 수 있게 했다. 예를 들면 딸아이는 글을 읽다가 좋은 문장을 만나면 '유레카'를 외치며 나에게 알려준다.

"실패는 넘어졌을 때 그 자리에 계속 남아 있는 것이다."

이때도 "좋은 말 같은데 정확히 무슨 뜻인지 설명 좀 해줄래? 엄마는 이해가 살짝 부족하다"하며 설명을 부탁한다. 아이는 문장에 대한 자기 생각을 설명해준다.

설명할 기회를 방해하는 부모들의 실수는 부모가 아는 것을 최대한 자세하게 설명하는 행위다. 주로 부모들이 설명하고 아이들은 듣는다. 부모가 설명한 것을 잘 들었는지 확인하기 위해 "엄마가 뭐라고 말했는지 말해봐"하며 말할 기회를 주는 정도다. 확인하는 기회는 자녀에게 불신이고 부담이고 두려움이다.

고학년이 되니 의도적인 설명 없이 설명하는 게 자연스러워졌다. 신문을 읽다가 신기한 사건을 설명해주고, 책을 읽다가 특별한 상황을 설명해주고, 새롭게 알게 된 사실도 설명해주고, 배운 지식들도 설명해준다. 설명하고 싶은데 들어줄 대상이 옆에 없을 때는 전화로 설명한다. 설명하기는 발표하기의 자신감이다. 초등기 6년 동안 '발표력, 자기 주장, 독서를 통한 해박한 지식, 적극적, 문제해결력' 측면에서 우수하다는 평가를 받았다. 가정에서 설명하기가 일상이다 보니 학교나 다른 사람들 앞에서 발표하기는 설명하기 일상의 일부가 된 것이다. 학교 참관 수업에서 아이의 발표에 흐뭇한 미소를 짓게 된다. 다른 부모들의 "와! 똑소리 나네!"하는 감탄의 말소리가 은근히 기분 좋다. '설명하기'는 효과 좋은 공부법이다.

첫 번째는 설명할 기회 만들어주기다.

부모가 설명하려 하지 말고 아이에게 설명을 부탁해야 한다. 일상생활의 모든 것은 설명이 가능하다. 나는 동화를 혼자 읽을 때부터 "그 동화 재미있니?" 묻고 재미있다고 하면 "나도 궁금하다. 얘기 좀 해주라" 하고 부탁했다. 아이들의 설명은 서툴다. 자기가 기억하는 단어만 툭 던질 때도 있다. 툭 던지는 단어 하나에도 "아! 그렇구나" 하고 반응해 주고 "그래서 어떻게 됐어? 누가 슬펐던 거야?" 하는 식으로 육하원칙을 적용하여 설명을 끌어내는 질문을 하면 된다. 중간중간 "아! 그랬구나, 재미있다, 그래서 어떻게 됐어 궁금해" 하며 맞장구를 쳐주면 설명에 흥이 돋게 된다.

두 번째는 무조건 긍정적으로 반응하기다.

서투른 설명을 교정하거나 지적하거나 설명하는 방법을 가르치는 건 부정의 반응이다. 긍정의 반응은 보이지 않는 지지다. 에두른 방식은 아이들의 취약점을 건드리지 않으면서 필요한 정보와 도움이 필요한 지원을 제공한다.

아이가 설명할 때는 하던 일을 멈추고 경청해준다. 이해가 잘 안되는 부분에는 솔직하게 이해가 안되니 조금 더 쉽게 설명해달라고 부탁한다. 자녀의 설명을 듣고 간헐적으로 핵심을 "네 말은 이렇다는 거지?" 하는 식으로 던져준다. 이는 말을 잘 들었다는 확인인 동시에 자녀에게 정리하여 말하는 걸 지원해준다.

세 번째는 예를 들어 설명하기다.

나는 자녀를 이해시킬 때 예를 들어 설명해준다. 자녀의 생활을 예를 들어 설명해주면 이해가 쉽다. 자기가 경험한 것에 비유된 원리는 이해가 쉽기 때문이다. 자녀도 설명할 때 예를 들어 설명한다. 예를 들어 설명하기는 정확히 인지하고 있을 때 가능하다. 이는 연결적 사고력을 키운다. 자녀의 설명이 이해가 안될 때는 "예를 들어 설명해줄래?" 하며 부탁한다. 자녀의 설명하기를 위해서는 부모가 이해력이 조금 부족한 듯 반응해주는 게 효과적이다.

강의가 끝난 후 질문하는 시간을 갖는다. 질문은 보이지 않는 생각을 들여다보는 문이다. 생각은 드러내지 않으면 보이지 않는다.

질문자의 질문에 대한 내 생각을 말하기 위해 질문의 의도를 파악하면서 듣게 된다. 질문에 바로 대답하지 않고 질문자의 생각을 정리해서 "~을 질문하시는 거죠?" 하며 다시 질문한다. 질문자들은 되돌아온 강사의 질문에 답하면서 생각을 명확히 정리한다.

명확히 정리된 질문자의 생각에 대한 강사의 생각을 말할 때 생각과 생각이 충돌하며 비판적 사고를 하게 되고, 생각과 생각이 연결되어 확신하게 되고, 생각과 생각이 새로운 생각을 키워낸다. 이 과정이 미니 토론이다.

질문자의 질문에는 다양한 의도가 숨겨진 우회적인 표현일 경우가 많다. 우리나라 사람들의 질문에는 자기 의도를 숨기고 질문에 답하는 이의 의도를 들어 자기 생각이 맞는지 확인하려는 경향이 있다. 생각이 틀렸을 때 부끄러움과 수치를 느끼기 때문이다.

생각은 틀림이 아니라 다름이다. 다른 생각은 있지만 틀린 생각은 없다. 강사는 그 분야의 전문가이기에 전문가의 생각을 들어 자기 생각이 맞는지 틀린지 확인하거나 전문가가 알려준 옳은 생각을 가지기 위해서다. 나도 강사가 되기 전에는 강의를 듣는 사람이었고 질문거리가 있어도 질문이 웃음거리가 될까 봐 질문하지 못하는 사람이었다. 많은 강의를 들었지만 손을 들고 질문을 해본 적 없다. 내 생각에 나 스스로 부끄러워했다.

자식을 키우는 엄마가 되어 '그렇다면 내 아이는 어떨까?'를 생각해보았다. 자기 생각이 옳은가에 대한 자신이 없어 전문가의 옳은 생각을 외우는 '생각 앵무새'가 아니라 자기 머리로 생각하는 사람으로 키우려 노력했다. 수시로 생각에는 맞고 틀림이 없으며 다름이라는 것을 알려주었다. 네 생각과 엄마 생각이 다른 것임을 자주 말해주었다. 내 생각을 말하기 전에 네 생각은 어떠냐고 물었다.

딸아이는 초등학교 저학년 때까지 자기 생각을 하고, 자기 생각을 질문하는 듯했다. 초등학교 4학년 때 아이에게서 내가 생각에 질문하지 않는 실수를 하고 있다는 것을 배웠다. 아이가 생각을 자유롭게 말했을 때와 질문했을 때 엄마의 배치되는 반응으로, 잘한 것인지 못한 것인지를 가리고 있었다. 어느 때는 "좋은 생각(질문)이다", "기발한 생각(질문)이다", "와! 그렇게 생각(질문)하다니 대단하다" 하는 식으로 격하게 칭찬하는 반응을 했다. 또 어느 때는 "무슨 생각으로 사니?", "질문이라고 하는 거니?", "물을 걸 물어라, 먼저 생각하고 질문을 해야지" 하는 식으로 격하게 무시하는 반응을 했다. 자기 생각에 돌아오는 엄마의 반응으로 생각(질문)이 옳고 그름, 좋고 나쁨을 평가받고 있었던 거다.

그리고 훈육할 때 아이의 생각을 존중한답시고 항상 먼저 아이의 생각을 물었다. 아이는 훈육 경력이 쌓일수록 생각을 닫았다. 네 생각을 말해보라고 하면 "없어요, 그냥이요, 몰라요"라고 했다. 조근조근 설명하고 따지는 엄마의 훈육에 "네" 혹은 "아니오" 하기만 했다.

어느 날 딸아이와 기분 좋게 훈육과 행동 변화에 대한 대화를 나누었다. 그날 아이의 생각이 진심으로 궁금해서 질문을 많이 했다.

"엄마가 그랬니? 그래서 넌 무슨 생각을 했는데? 그럴 때 아이들은 어떤 생각을 하니?"

기분 좋게 훈육에 대한 미니 토론을 했다. 어른들이 생각을 물을 때 자기 생각을 말하는 것은 어리석은 행동이라고 했다. 자기 생각이 어른들 마음에 들면 괜찮지만 마음에 들지 않으면 잔소리를 들어야 하는 시간이 길어져서 몹시 힘들다고 했다. 잔소리가 길어지면 자기 생각은 뇌에서 가출하고 귀는 자동으로 닫히고 그냥 '네'만 하게 된단다. 그게 가장 빠르게 잔소리에서 벗어나는 방법이라고 했다. 아이들만의 생존법이라고 했다.

나는 생각을 왜 물었던 것일까? 아이의 생각이 궁금해서, 존중하기 위해서가 아니었다. 아이의 잘못된 생각을 가르치기 위해서였다. 아이의 생각을 들으면서 생각 앵무새가 생각 앵무새로 키우고 있는 현실을 직시하게 되었다. 그날 아이의 생각에 질문하지 않았다면 생각 앵무새 엄마가 자녀의 생각을 키우고 있다는 자만에 빠져 살고 있었을지도 모른다.

앵무새는 사람의 소리를 흉내 내는 새다. 생각 앵무새, 질문 앵무새는 생각과 질문을 흉내 낸다. 생각에도 진심이 중요하다는 것을 배웠다. 그 이후로 마음을 다해 아이의 생각을 듣고 아이의 생각에 질문하려 노력한다. 초등기 때 아이 생각에 질문하지 않으면 아이 생각이 닫힐 확률이 높다. 진심으로 질문하지 않으면 질문 앵무새가 될 확률이 높다.

초등기 때 '진심'으로 생각에 질문하는 것, 그게 미니 토론이다.

　부모의 생각을 말해주고 자녀의 생각을 물어준다. 그동안은 부모의 옳은 생각을 가르쳐서 따르게 했다. 자녀의 생각을 먼저 물은 것은 잘 못된 생각을 가르치려는 의도가 있었다. 가르치려는 의도도 소중한 부모의 생각이다. 다만 의도를 숨기지 않고 진실하게 먼저 어떤 문제에 관하여 "엄마는 이렇게 생각해"라고 말해준다. 자녀에게 엄마 생각에 대한 생각할 기회를 주는 것이다. 자녀로 하여금 엄마 생각에 대해 질문할 여지를 주는 것이다. 엄마의 생각이 납득되지 않을 때는 "엄마는 왜 그렇게 생각하셨어요?" 하고 묻는다. 자녀가 생각을 물어오면 사실대로 "왜냐하면 ~하기 때문이야"라고 말하면 된다. 엄마와 자녀의 생각을 주고받는 대화가 미니 토론이다. 미니 토론을 통해 스스로 자기 문제의 해결점을 찾는다. 이 얼마나 민주적인 양육인가.

　자녀의 질문에서 엄마의 생각을 확인하기 위한 의도가 느껴질 때는 "왜 그게 궁금하니? 왜 그게 알고 싶니?" 하고 자녀의 생각을 물어준다. 자녀의 질문에 담긴 생각이 명확하지 않을 때는 "네 생각은 이렇다는 거지?" 하는 식으로 물어준다. 부모가 자녀의 생각을 단정 짓거나 가르치려는 습관에서 벗어나야 자녀의 생각이 진심으로 궁금해진다. 자녀의 생각을 심문하지 않고 질문하게 된다.

　유대인들의 말 '마따호쉐프(네 생각은 어떠니?)' 흉내 내기로 생각을 키울 수 없다. 왜냐하면 유대인은 생각을 존중받는 문화이지만 우리는 생각을 가르치는 문화이기 때문이다. 생각을 가르치면 생각하지 않기를 선택한다. 생각하지 않는 아이들에게 생각을 묻는 것은 질문이 아니라 심문이다. 아이들은 똑똑한 부모들의 심문으로 숨이 막힐 지경이다.

'네 생각이 어떠니?'는 '생각을 한다'가 전제된 질문이다. 생각하지 않는 아이들에게는 '생각을 해보렴'의 의미인 "만약에 네가 ~라면 어떻게 하겠니?" 하는 식의 질문이 좋다. 예컨대 2022년 대통령선거 때 투표권이 없는 딸아이의 생각이 궁금해서 시작한 대화는 이랬다.

엄마: 너에게 투표권이 있다면 누구한테 투표할 생각이니?

딸: ○○○ 후보요. (자신 있게 대답했다.)

엄마: 왜 그렇게 생각했니?

딸: 왜냐하면요. ~이기 때문이에요.

아이들도 자기 나름의 생각을 하고 있다. 생각하기를 좋아한다. 생각을 말하기를 즐긴다.

어른들에 의해 생각을 평가받으면서 싫어지게 되는 것이다. 생각에 질문이 아니라 심문을 받으니 생각하지 않는 쪽을 선택한다.

# 비판적 사고가 그리 쉬운가?

아이들은 왜 이렇게 키워져야 하고 배워야 하는 게 많을까. 부모 교육 전문가인 나조차도 아이들이 갖추어야 할 역량을 배우다 지친다. 능력을 갖추어야 하는 아이들은 얼마나 힘들까를 생각하게 된다. 자녀뿐만 아니라 사람이 갖추어야 할 많은 역량 중 초등기에 집중해야 할 것 하나를 뽑으라면 그건 비판적 사고력이다. 비판적 사고력은 모든 역량의 바탕이며 인간의 대표적 본성이라는 이유에서다. 교육학 용어사전에 비판적 사고는 이렇게 정의되어 있다.

'어떤 사태에 처했을 때 감정 또는 편견에 사로잡히거나 권위에 맹종하지 않고 합리적이고 논리적으로 분석·평가·분류하는 사고 과정. 즉, 객관적 증거에 비추어 사태를 비교·검토하고 인과관계를 명백히 하여 여기서 얻어진 판단에 따라 결론을 맺거나 행동하는 과정을 말한다.'

다시 말해 비판적 사고란, 어떤 문제 상황에 대해 논리적으로 분석하고 추론해서 얻은 지식을 종합하여 결론을 도출하는 종합적 사고 체계를 말한다. 조금 더 쉽게 말해 인간이 인간답게 살기 위한 사고 능력이다. 비판적 사고력을 키우기 위한 방법으로 다독과 토론하기가 제시된다. 많이 읽어서 아는 만큼 논리적 분석이 가능하다. 많이 읽으면 자연스럽게 비판적 사고를 동원하여 읽게 되지만 의도적으로 비판적 읽기를 위해서는 읽은 후 토론이 필요하다. 토론은 상대의 주장을 듣고 의미를 해석해야 하고, 자기의 의견을 주장과 근거로 나누고 주장과 근거가 바르게 연결되어 있는지 파악해야 한다. 이 과정이 비판적 사고력을 키우는 훈련이다.

나는 아이의 초등기 6년 동안 비판적 사고력 하나 키우기도 버거웠다. 사실 키운 것도 아니고 성장하는 과정이 훈련 중에 있다는 게 더 정확하다. 비판적으로 읽고, 비판적으로 생각하기 위한 토론을 해본 적도 없다. 즐겁게 읽었고 즐겁게 대화했다. 일상이 읽기와 토론이니 비판적 사고력을 키우는 과정이라 여긴다. 나의 노력은 비난과 비판을 분별하고 가리려는 정도였다. 비난은 남의 잘못이나 결점을 책잡아서 나쁘게 말하는 것으로 주로 평가다. 다른 사람의 생각을 쓴 책을 읽은 후에 평가하려 하고, 토론에서도 딸아이의 생각을 평가하려 하는 비난을 알아차리고 자제하기를 먼저 훈련했다.

비판은 명확한 논리로 설명하지 못하는 평가가 아니라 논리적 분석이다. 논리 없는 엄마와 논리적 사고를 할 수 있는 인지발달 상태의 초등기 자녀가 대화로 비판적 사고력을 키운다는 것은 모순이다. 초등기 6년 동안은 논리적 분석, 논리적 사고, 추론적 사고가 가능하게 된 시기이니, '다른 시점으로 보기'라도 돕는다는 마음이었다. 초등기에 남과 다른 시점으로 보는 것, 즉 자신의 시점으로 보는 것은 비판적 사고력의 기초 체력이다. 똑같은 사물이나 상황을 남과 다른 시점으로 보는 것은 중요하지만, 자신의 시점에서만 보는 것은 치명적인 결점이다.

특히 비판적 사고력이 싹트기 시작하는 초등기에 SNS는 확증편향에 의한 정보 왜곡이 심각한 문제가 된다. 확증편향은 객관적 사실과 관계없이 자기가 보고 싶은 것만 보는 거다. 유튜브 알고리즘은 비판적 사고 없이 확증편향을 키운다. 사람들은 모르는 것을 알기 위해 읽고 보는 것이 아니라, 정의를 먼저 내린 다음에 비슷한 알고리즘의 정보를 읽고 본다. 내가 관심 있어 하는 유튜브를 클릭하면 그다음에는 알아서 비슷한 알고리즘을 띄워준다. 알고리즘의 정보는 옳은지 그른지는 중요하지 않게 되고 믿고 싶은 걸 강화시켜준다.

SNS 등의 등장으로 정보 접근이 쉬워졌지만 정보가 넘쳐나면서 정보 왜곡도 심각해지고 있다. 정보 알고리즘은 옳은지 그른지를 따지기 위해 읽는 기능을 상실케 한다. 이 문제점은 읽기의 중요성이 문해력에만 집중되는 것의 위험한 경고다. 정보의 가치는 지식처럼 축적하는 데 있는 것이 아니라 자기의 고정된 지식의 벽을 허무는 데 있다. 확증편향에 의한 사실 왜곡에 갇히지 않기 위해 비판적 사고력을 키워야 하고, 비판적 사고력을 키우기 위한 비판적 읽기와 토론이 확대되어야 한다. 비판적 사고는 불의에 분노하고, 억압에 저항하는 힘을 키운다. 분노와 저항은 옳은 것을 옳다 주장하고, 그 옳은 것을 행하도록 한다. 비판적 읽기의 상실은 예를 들어, 일본의 부당한 행동에 분노와 저항의 비판 없이 비난만 하다가 남의 일인 듯 구경하는 관람객을 자처하는 비굴함을 키운다.

'2023년부터 일본 고등학교 2학년 이상 사용하는 교과서에서 일제강점기에 조선인 노동자를 강제 연행했다는 표현이 정부 검정과정으로 사라지고 독도에 대해 일본 고유영토라거나 한국이 불법 점거하고 있다는 등의 주장은 강화된다'고 한다. 일본 교과서에 역사 왜곡은 이번이 처음이 아니다. 우리는 이 일에 어떻게 저항하고, 분노하고 있는가. 신문에서 일본의 역사 왜곡 사건은 읽지만, 그에 대응하는 우리의 저항과 분노의 대처는 읽지 못하고 있다. 일본이 역사 정의를 왜곡하는 행동을 강화하는 것은 불의에 분노하거나 저항하지 못하는 우리의 태도 때문 아닐까.

강한 사람이 되는 데 필요한 핵심역량은 비판적 사고력이다. 초등기에는 비판적 사고력을 키우기 쉽지 않다. 그럼에도 읽기와 토론으로 남과 다른 시점, 자기 시점으로 생각하는 비판적 사고력을 위한 기초 체력을 키워내야 한다.

첫째, 역사와 시사 읽기다.

비판적 읽기를 하면 좋겠지만 나도 못하는 비판적 읽기를 자녀에게 알려줄 수 없었다. 역사와 시사를 읽으니 불의에 분노가 생기고, 인간으로서 마땅히 누려야 할 권리 억압에 저항이 꿈틀거리기 시작했다. 그래서 문학 읽기만을 고집하지 않았다. 추천도서, 교과서 수록도서 등에서 벗어나 다양하게 읽을 수 있도록 도왔다. 아이의 관심을 관찰하면서 그에 맞는 책을 놓아주었다. 특히 분노와 저항의 촉매제가 되어주는 역사와 시사는 쉽게 읽을 수 있게 만화를 놓아주었다. 역사와 시사를 노출시켜 익숙해지도록 도왔다. 초등기 자녀가 책을 읽지 않아 고민이라면 역사와 시사 읽기를 추천한다. 사회적 사건이나 일제강점기 역사 사건 하나만 읽어주거나 읽게 하고 그 내용으로 대화를 하면 된다.

인간의 본성인 자유 억압에 따른 저항과 불의에 따른 분노를 건드리면 비판하기 위해 읽게 된다. 정의가 알고 싶어진다.

둘째, 자율적이고 자주적인 발언 허용하기다.

사마천의 《사기》에는 '백성의 입을 막는 것은 물을 막기보다 어렵다'라는 말이 있다. 이 말은 충신이 목숨 걸고 한 직언에서 생겨났다.

"물을 다스리는 자는 물길을 막지 말고 터주어야 하며, 백성을 다스리는 자는 백성들의 말을 들어야 합니다."

자기 발언이 힘든 이유는 언론 탄압으로 말미암은 '자기검열' 때문이다. 아이들의 입을 막지 말고 터주어야 한다. 어른들의 예의와 듣기의 강요는 언론 탄압과 같은데, 이는 비판적 사고력을 막는다. 논리적 사고가 가능한 어른들도 '자기검열'에서 비판적 사고를 하지 못하니 발언에 힘이 없다. 말을 해도 되는지 안 되는지 발언자가 자신이 없다. 이는 자기 시점이나 논리가 없다는 의미다.

나는 딸아이에게 자기주장을 허용했다. 그 덕분에 딸아이는 '말 싸가지가 없는 아이'라는 꼬리표를 얻었다. 말 싸가지가 없는 아이, 자기 주장이 강한 아이, 당돌한 아이의 꼬리표로 선생님과 친구들의 경계 대상이 되기도 했다. 말 싸가지가 없는 것은 인정한다. 자기 시점으로 말하기 시작하면 말 싸가지 없는 아이라는 꼬리표는 엄마가 감당해야 할 몫이다.

부모 역할은 자녀의 꼬리표를 인정하는 것, 그거면 된다. 비판적 사고력을 키우기 위한 기초 체력으로 자연스러운 과정이기 때문이다. 자기 시점이 옳은지 그른지 비판적으로 사고하지 못하는 초등기 아이들에게 논리를 가르치면 자유 발언의 권리를 억압하게 된다.

자유롭게 발언할 권리를 보장해주기가 먼저다. 자율적 발언에 책임이 따른다는 것을 느끼게 되면 자발적으로 비판적 사고를 하려 노력하기 때문이다.

## 스피치보다 됨됨이다

21세기에 자기 의사 전달이 명쾌한 자기 표현력이나 사람들을 잘 설득하는 말솜씨인 스피치는 핵심역량이다. 연령이 높아질수록 발표 기회가 점점 많아지고, 입학이나 채용 과정에서 면접 전형의 비중이 점점 늘어나고, 직장에서 업무를 발표하는 프레젠테이션을 할 기회가 점점 늘고 있다. 퇴직 후 길어진 노후를 1인 기업가로 살려는 사람이 늘고 있다. 스피치는 누구나 갖추어야 할 기본 역량이며 중요한 경쟁력 요소로 자리 잡았다. 세계적인 석학 피터 드러커는 말했다.

"인간에게 가장 중요한 능력은 자기표현이며, 현대의 경영이나 관리는 스피치에 의해서 좌우된다."

아무리 자신이 많은 정보와 좋은 아이디어를 가지고 있고 자기 능력이 뛰어나다고 해도 다른 사람에게 전달할 수 없다면 아무 소용이 없다. 나는 아이에게 시대가 요구하는 뛰어난 말솜씨 능력을 키워주고 싶었다. 자기 의견 말하기, 설명하기, 토론하기 등이 일상이 된 딸아이의 말솜씨는 좋은 편이다. 선생님과 친구, 주변인들에게 말 잘하는 아이로 인식되어 있다. 나의 판단에도 자기 의견이 있고 설명이 명쾌하고 논리적이다.

간혹 딸아이의 말에 논리와 합리는 있지만, 인간애가 없을 때가 있다. 아이의 인격에 모가 감지되어 걱정될 때도 있다. 사람들 앞에서는 착하게 말하고 뒤로는 행동이 다른 사람보다 정직하고 솔직하게 말하는 게 낫다지만 인간애가 없는 말은 생각해볼 일이다. 사람의 됨됨이는 인·의·예를 배우고 실천하는 것이므로 됨됨이의 교육 차원에서 고전을 읽게 했다. 딸아이와 함께 고전 읽기와 필사를 꾸준히 해온 덕분에 고전을 가지고 자주 토론하는 편이다. 고전에 대한 딸아이의 생각은 '어른'들에게만 좋고, '지배층'의 권력을 잃지 않으려는 욕심을 세뇌시키는 책이었다. 자식이 부모에게 효를 다하는 것은 맞지만 부모도 자식에게 지켜야 할 인과 예가 있는데 그 부분에 대한 내용은 없으니 '어른'들만 좋으려고 유교를 가르치는 것이라 했다. 고전은 오늘날에 맞지 않는 책으로, 공자가 말한 대로 하면 시대에 뒤처진 삶을 살아야 한다며 읽기 싫어했다.

고전과 역사에 대한 딸아이의 생각에는 권력자들의 탐욕에 대한 분노가 스며들어 있다. 거기에서 시작된 분노는 자기 입장에서 권력을 가진 부모와 교사에게 투영되어 말로 표현된다. 분별없게 느껴지는 딸아이의 분노에 인간애를 불어넣으려다 보니 의견을 무시하게 되고 언성이 높아질 때가 있다.

사람의 됨됨이는 말을 통해서 밖으로 드러난다. 말하기 능력이

나 스피치 기술의 문제가 아니다. 스피치의 가장 기본이 되는 기술은 됨됨이다. 연설하는 방법을 처음으로 가르치기 시작했던 고대 그리스 시대에도 효과적이면서 논리적으로 말 잘하는 것을 교양과 인격의 척도로 삼았다고 한다. 스피치 기술은 단기간의 노력으로 익힐 수 있고, 스피치 학원에서 배울 수 있지만 됨됨이는 그럴 수 없다.

딸아이는 말로 하는 자기 표현을 또래 아이들 비해 잘하지만, 분노에 매몰되어 인간애를 느끼지 못할 때 걱정이 되었다. 어떻게 해야 할지를 고민하던 중 충격적인 상황을 맞이했다. 그 상황을 통해 됨됨이는 글, 지식, 말, 기술로 가르칠 수 있는 게 아님을 깨달았다. 그 상황을 떠올리면 아직도 부끄럽지만 됨됨이를 만드는 이치를 알게 된 중요한 상황이니 밝힌다.

초등학교 6학년 때 숙제로 유언장 쓰기가 있었다. 딸아이 방을 청소하려다 책상에 놓인 유언장을 보게 되었다. 유언장에는 자기가 죽은 후 자식들에게 얼마 되지도 않은 재산을 서로 많이 가지겠다고 싸우는 드라마에서 볼 듯한 볼썽사나운 꼴 못 보니 공평하게 똑같이 나눠가지라는 내용이 자기 언어로 적혀 있었다. 집안 사정을 소상히 밝힐 순 없지만 나는 유언장에 쓰인 것처럼 얼마 되지도 않은 친정 엄마의 재산 상속 문제로 갈등을 일으킨 적이 있었다. 친정 엄마가 평생 아껴 모은 돈에 대해 자식이라는 이유로 권리를 주장해선 안 될 것을 깨닫고 갈등은 해결되었지만 딸아이는 그 과정을 다 보았다.

고전을 매일 읽고 필사하고 생각을 키우면 뭐 하겠는가. 정작 욕심을 비우지 못해 엄마의 못난 꼴을 보여주었는데 말이다. 됨됨이는 공자 왈, 맹자 왈 말로만 가르칠 수 없다. 본보기로 보여주기가 병행되어야 한다. 말솜씨만 뛰어난 사람을 스피치 역량이 있다고 하지 않는다. 오히려 말만 잘하는 사람은 사기꾼으로 의심받는다. 겉과 속이 다른 음흉한 사람이며 보이는 곳에서는 착한 척하고 뒤로는 '해'를 주는 선한 폭력자들이다. 스피치는 기술이 아니라 인격이다. 고전에 대한 아이의 생각과 분노하는 태도를 바꾸려는 음흉한 목적으로 접근한 토론은 토론이 아니다. 말 기술 걸기다. 초등기에는 언변을 키우기 위한 토론이 아니라 됨됨이를 키우는 토론에 중점을 두어야 함을 배웠다.

부모교육 강의, 자녀교육 강의를 혼동하여 사용한다. 그 까닭은 자녀를 교육하는 부모를 교육하는 시간이기 때문이다. 전업 엄마 5년 차에 자녀교육과 자녀 양육은 부모가 자녀를 키운다는 의미이기도 하지만 자녀가 부모를 키운다는 의미이기도 하다는 걸 깨달았다.

부모 역할은 최고로 좋은 토론 학원, 스피치 학원을 찾아주는 것보다, 지도자를 만나게 해주는 것보다 부모로서 됨됨이를 배우려 노력하는 것이다.

부모의 본보기로만 배우던 옛날과 달리 다양한 형태의 인간 됨됨이를 보고 배울 수 있는 매체가 넘쳐난다. 부모 본보기의 부담감을 책과 같은 훌륭한 매체에 덜어내고 조금만 부모로서의 됨됨이도 배우려 노력하면 좋겠다. 초등기 자녀에게 지식과 능력만 가르치려 하지 말고 됨됨이도 가르치려 노력하면 좋겠다.

딸아이의 유언장으로 부모의 됨됨이를 돌아봤다. 유언장을 볼 타인에게 부끄러워하기보다 나 자신에게 부끄러움을 느끼고 자식에게 부끄럼이 되는 행동이었음을 인정했다.

딸아이에게 유언장을 다시 쓰라고 말하지 않았다. 유언장을 고치라는 행동은 밖으로는 보이는 착한 척의 가면을 쓰는 본보기이기 때문이다. 이렇게 자식을 키우면서 나도 크고 있다. 이것이 바로 엄마 공부다.

# 토론은 전두엽을 활성화한다

　뇌과학자는 아니지만, 교육자로서 아이들의 정서와 인지발달을 관장하는 '변연계'와 '전두엽'을 공부하게 된다. 변연계와 전두엽의 기능과 발달에 관해 조금만 알아도 자녀교육을 위한 부모 역할에 책임감을 느끼게 된다. 나는 아이의 삶을 대신 살아줄 수 없고, 공부를 대신해줄 수 없고, 천재적인 두뇌와 특별한 재능을 유전해줄 수 없고, 평생 먹고살 만큼의 물려줄 유산도 없다. 줄 수 있는 건 아이가 풍요롭고, 지혜롭고, 행복하고, 건강하고, 부유한 삶을 살았으면 좋겠다는 마음뿐이다. 이것들의 실현은 변연계와 전두엽, 즉 정서와 사고를 발달시키면 되는 일이다.

　엄마로서 나는 최선을 다하는 책임감으로 초등기까지 전두엽의 발달에 집중했다. 전두엽은 인간의 뇌, 이성의 뇌로 불리며 기억, 사고, 창의력 등의 고차원적인 기능을 담당한다. 전두엽이 건강하게 발달된 사람은 감정 조절력, 충동 조절력, 문제해결 능력, 창의력이 높다. 전두엽이 유약한 사람은 자기 주관, 정체성, 창의성이 빈약하여 주체적인 삶보다 모방의 삶을 산다. 전두엽 기능 저하는 과잉행동조절장애, 분노조절장애를 일으킨다.

전두엽의 성장이 활발한 초등기를 어떻게 도울 것인지, 그중 내가 할 수 있는 일이 무엇인지를 정리해보았다. 독서, 토론(대화), 글쓰기, 주체적인 일상생활로 전두엽의 활성화를 돕기로 했다.

가톨릭대학교 의정부성모병원 소아청소년과 김영훈 교수는 전두엽 외측에 창의와 기획 센터를 담당하는 배외측전전두피질이 있고 배외측전전두엽은 답이 보이지 않는 문제를 풀려고 할 때 크게 활성화되며 스스로 알려고 끙끙대야 전두엽이 커진다고 한다.

스트레스받지 않고 답이 보이지 않는 문제를 풀 활동은 주체적으로 일상을 살게 하는 것이다. 우리의 일상은 답이 보이지 않고 자신이 선택한 것이 답이 되는 문제들의 집합이다. 주체적인 일상은 답이 보이지 않거나 답이 없는 당면한 문제 풀기다. 시험문제를 풀기 위해서는 국, 영, 수와 같은 지식 공부를 해야 하고 우리 삶에 당면한 문제를 풀기 위해서는 독서, 토론, 글쓰기 공부를 해야 한다. 둘의 균형과 조화가 필요한데 이를 돕는 것이 부모 역할이다. 독토글이 어떻게 주체적인 삶에 영향을 미치는지 우리 가족의 일상을 예로 들어본다.

나는 김수영의 《멈추지 마, 다시 꿈부터 써봐》라는 책을 읽고 핵심 내용을 이야기해주며 딸아이에게 읽기를 권한 적이 있다. 그때 딸아이는 책을 읽지 않았다.

그리고 몇 년 후 학교 수업 시간에 김수영 작가의 꿈 이야기를 들게 되었다. 책을 읽지 않았지만 엄마가 들려준 핵심 내용이 기억났고, 그 이야기를 수업 시간에 들으니 신기해서 더 깊이 감명받았다고 했다. 딸아이는 수업을 들은 후 버킷리스트를 만들었다. 그중 '자격증 취득'의 버킷리스트 실천으로 한국사능력검정시험 도전이라고 했다. 중학교생활로 말미암아 시간이 부족해 장거리를 이동하는 차 안에서 한국사 공부를 할 때도 있다. 한국사 공부를 하다가 새롭게 알게 된 사실이 놀라울 때는 "그거 아세요?" 하면서 토론의 장을 연다. 의문이 생길 때는 "이상하다, 왜 그런 거지?" 하는 질문으로 가족의 역사 지식을 모으는 토론의 장을 연다. 이렇게 알게 된 지식을 노트에 정리한다.

또, 일제강점기를 공부하던 딸아이는 '일제강점기에 모두가 일본 식민교육을 받았는데 왜 누구는 친일파가 되고 누구는 독립운동가가 되는 걸까?' 하는 의문을 가지게 되었다. 유대인처럼 지식이 많은 어른 짝이 아니라 우리 가족은 돌아가면서 자기 생각을 말하기로 했다. 자기 생각을 서로 주고받는 말하기만으로도 전두엽은 활성화된다. 딸아이와 나는 역사에 대한 생각을 나눌 때 조정래 작가의 《태백산맥》과 《아리랑》의 내용을 비유하기도 하는데, 그 내용을 바탕으로 하면 이해가 쉽기도 하다. 함께 읽은 거리가 있다면 대화가 유익해진다.

전두엽 활성화를 위해 아이가 자기 삶을 사는 주체가 되도록 나는 협조자, 안내자 역할을 했다. 통제와 강요 없이 자유롭게 좋아하는 분야의 책을 읽도록 했고, 언제 어디서라도 대화의 장을 열었고, 쓰고 싶을 때 쓰는 방식으로 글을 쓰도록 했다.

초등기에는 독토글이 교육 방식이 아니라 일상의 일부가 되도록 도왔고, 자기 삶을 주체적으로 살도록 도왔다.

전두엽이 건강한 사람은 다양한 의견과 지식을 취합해 가장 최선의 결정을 내리는 고도의 사고를 한다. 자기가 할 수 있는 최선의 결정이었기에 좋지 않은 결과에도 만족할 줄 안다.

감정의 뇌인 변연계와 이성의 뇌인 전두엽을 활성화하는 방법 중 내가 할 수 있는 것 하나는 편안한 대화와 자기 생각을 나누는 대화 형식의 토론이다. 언제 어디서라도, 무엇이라도 가리지 않고 옳고 그름을 따지려 하지 않고 할 수 있는 만큼 최선을 다해 토론했다. 형식은 가능성을 제한하기에 토론 형식에서 벗어나 우리 모녀의 상황에 맞게 즐겁게 토론했다. 토론을 잘하게 하기 위해서가 아니라 전두엽이 빠르게 성장하는 시기에 전두엽의 활성화를 돕기 위해서였다.

유아기와 초등기에 가장 중시해야 하는 것은 변연계와 전두엽의 기능이 성숙될 환경을 제공하는 것이다. 그것이 독토글인데, 자율성 즉 자기 일상을 스스로 살 수 있도록 일상생활을 돌려주는 것이다.

책과 SNS를 통해 얻은 정보로 스마트해진 부모들은 귀한 자녀를 위해 자녀의 일상에서 일어나는 문제를 미리 예방해주고 해결해주다 보니 자녀들은 좌절이나 실패를 경험할 수 없고, 그걸 스스로 극복해내는 과정도 겪어보지 못한다. 자녀의 일상은 부모가 완벽하게 구성해놓은 대로 움직여주기만 하면 된다. 자녀에게서 변연계와 전두엽의 기능이 성숙될 기회를 뺏는 역할을 열심히 하는 꼴이다.

자녀의 나이가 어릴수록 보호자의 책임의식이 강하다. 부모 역할은 부모 중심이 아닌, 자녀의 성장과 발달에 맞게 자녀 중심으로 돌아가야 한다. 부모 중심은 정체성이 형성되는 사춘기가 되면 자기 삶에 간섭하고 개입하는 존재로 거부한다. 토론 문화를 만들어놓으면 평생 멘토와 멘티의 존재가 되는 것이 자녀 중심이다. 부모 역할은 아직 어린 초등생 자녀임에도 독립된 주체로서 인정하고 대접해준다. 자녀를 귀하게 대접한다는 것은 손발을 쓰지 않는 왕으로 섬기며 손발이 되어주라는 것이 아니다. 독립된 주체로 대접해주라는 거다.

독립된 주체로 대접하는 일례가 토론이다. 나는 가정에서 결정해야 할 일이 있을 때 토론 방식으로 푼다. 큰 문제, 작은 문제 가리지 않고 상황이 되면 토론한다. 다른 말로 존중이다. 자녀를 가족 구성원으로, 생각하는 인간으로 존중해주고 더불어 전두엽이 활성화되는 환경도 제공해주는 거다.

중학교 입학을 앞두고 딸아이는 학교에서 나눠준 팸플릿에 소개된 기숙형 중학교에 입학하고 싶어 했다. 내 입장에서는 말도 안 되는 것이었지만 딸아이의 생각을 들어주었다. 가족이 모여 서로 기숙형 중학교에 대해, 고등학교와 연계된 문제에 대해 알아보고 생각해보고 의견을 여러 차례 나누었다. 아이의 의견은 토론의 기회, 교육의 기회로 여긴다. 자녀가 중학교 입학이라는 큰 문제에 자기 의견을 가진다는 것만으로도 대견스러웠다.

토론 문화를 만들기 위해서는 읽어야 한다. 아는 만큼 토론이 활발해지기 때문이다. 읽은 것이 다양하고 읽은 양이 많으면 자연스럽게 토론 또한 잦아진다. 아는 것이 많고 생각이 살아 움직이면 일상의 모든 것이 토론 재료가 된다.

# Chapter 4

★

# 자기 자신을 키우는 글쓰기

# 왜 글쓰기를 해야하는가?

글쓰기의 필요성에 대한 많은 연구와 사회적 요구 조사 결과들이 밝혀지면서 초등 글쓰기에 관한 책이 쏟아져 나오고 있다. 초등 독서에서 초등 토론으로, 이제 초등 글쓰기의 필연성까지 부모들에게 알려지고 있으니 반갑기 그지없다. 초등기 6년의 소중한 시간에 무엇을 도와야 할지 명확해지고 있다.

내가 아이의 초등기 6년 동안 글쓰기에 집중한 이유는 사회적 요구에 맞는 역량을 키우기 위해서가 아니었다. 몸소 경험하여 깨닫는 앎, 주도적으로 행복한 삶을 사는 데 필요한 지혜 때문이었다. 이제 겨우 여섯 권째 책을 출간하는 작가이지만, 나는 말할 수 있다. 글쓰기의 삶은 잃어버린 자기 자신을 찾아주고, 자기 치유자로 살아가는 힘을 키우며 자기 존재로서의 행복을 느끼게 해준다.

.글 쓰는 삶을 살기 전의 나처럼, 딸아이가 어린 시절 내적 불행을

끌어안고 불행한 삶을 살게 하고 싶지 않았다. 내 딸은 하루라도 더 일찍부터 자기 존재로서 행복한 삶을 살았으면 좋겠고, 그것을 돕는 것이 엄마 역할이라고 믿는다.

나의 무의식에는 원망, 억울, 분노, 시기, 질투, 외로움, 불안, 두려움 등의 부정적 정서가 기록되어 있다. 이런 정서들은 현재의 삶에 끼어들어 자꾸만 불행하게 살도록 했다. 살면서 행복, 기쁨, 만족, 즐거움 등의 긍정적 정서도 기록되어 있겠지만, 부정적 정서에 묻혀 '나는 왜, 왜 나만, 왜 나는'이 삶을 불행하게 이끄는데도 아무것도 하지 못한 채 끌려다녔다. 자기 존재를 돌아보지 않았기 때문이다. 존재의 빈곤은 자기 삶에 구경꾼으로 살면서 제일 먼저 자기를 비하하고 비난하며 불행을 자초하며 살게 했다. 어리석게도 말이다. 불행에서 나를 건져 올린 것은 글쓰기다. 자기 자신을 찾지 않았다면 불행하게 살면서도 불행한 줄 모른 채 그저 열심히 살고 있을 텐데 글쓰기와의 인연으로 나 자신을 진정으로 만나 위로하고 바로보고 재해석하면서 행복한 삶을 살아가고 있다.

글을 읽다 보면 자기 자신과 동일시되는 내용에 멈춰 서서 자기를 대면하게 된다. 글쓰기의 자기 대면은 아무도 모르고 자기 손끝만 알기에 부끄럽지 않아도 된다. 글쓰기가 자기와의 새로운 인연이 되어준다. 인생은 희로애락의 총집합이다. 평탄한 꽃길을 걸으며 행복한 인생을 살기를 원한다면 자기 마음의 치유자가 되어야 한다. 꽃길을 걸어도 마음이 행복을 느끼지 못하면 꽃길이 아니다. 잡초길을 걸어도 행복을 느낀다면 그게 꽃길이다. 초등학생 자녀에게 인생의 꽃길이 웬 말인가. 부모의 보호 안에서 공부에 집중할 때라고 여길 수 있다. 아이들에게는 초등기도 자기 인생길이다. 그 시기에 느끼는 희로애락이 있다. 자기감정의 주인이 되어 자기 조율을 해내지 못하면 우울증, 무기력, 방황, 불안, 분노조절장애 등의 내적 불행을 경험할 수 있다. 마흔을 넘게 살아본 엄마의 지혜는 '자기 감정을 조율하는 자기 도구가 가장 필요하다'였다. 자기 글쓰기는 자신의 감정을 알아차리고 바라보고 스스로 조율하는 자기 치유이자 행복의 동력이다.

또 하나의 이유는 내가 생각하는 나보다 남들에게 비치는 나를 더 의식하며 살아온 삶에서 벗어나 '나'로 살 수 있도록 힘을 키우는 데 자기 존재의 글쓰기만 한 게 없었기 때문이다. 자기 존재의 빈곤은 타인이나 세상의 흐름에 자신을 맞추며 살게 한다.

군중심리 속에서 독립적 개인으로 살기 위해 자기 글을 써야 한다. SNS 발달 덕분에 지금은 그 어느 때보다도 자기 말을 자유롭게 할 수 있다. 한마디로 지금은 자유 발언의 시대다. SNS는 민주적 발언대다. 자기 생각을 자유롭게 글로 표현하고 같은 의견을 모을 수 있다. 여론을 형성하여 정의의 힘을 키울 수도 있지만, 마녀사냥의 표적이 될 수도 있다. 자기 생각이 없는 사람들에게 글은 자신을 포함한 인간을 해치는 무기가 될 수 있다.

생각 있는 글, 정의로운 글, 자기 생각의 글을 분별할 줄 알아야 한다. 그리고 그런 글을 써야 한다. 자기 생각을 글로 써서 정리할 줄 알면 자기 말이 간결해지고 논리적으로 된다. 자기 생각을 글로 쓰는 과정에서 자기 존재의 메타인지가 된다. 머릿속에 있을 때와 글로 표현해놓았을 때는 보이지 않는 것과 보이는 것의 차이, 정리된 것과 정리되지 않은 것의 차이, 불명확한 것과 명확한 것의 차이다. 타인의 삶을 모방하고 인용하고 베껴 쓰기만으로 자기 삶을 대신할 수 없다.

행복지수가 높은 나라 덴마크는 행복 수업, 감정 수업을 한다. 보이지 않는 내면이 느끼는 감정, 자기 존재에 대한 생각을 만나는 수업이다. 외부에서 행복한 감정을 넣어주거나 가르치는 것이 아니다. 내면의 자기 존재를 은밀히 만날 방법은 자기 글쓰기다.

나는 자기 치유의 자기 도구, 자기 존재로 살기 위한 자기 글쓰기를 목적으로 글쓰기에 집중했다. 자기 글을 써야 자기 삶이 좋아진다. 딸아이의 초등기 6년 글쓰기 삶을 지켜보면서 나는 확신한다. 딸아이는 이 책에 소개하는 자기 필요성에 의한 글쓰기를 주도적으로 자연스럽게 해나가고 있다. 사회가 요구하는 역량의 글쓰기는 자기 글쓰기가 즐거워진 후 필요에 따라 배우면 될 일이다.

글쓰기를 가르치려는 목적을 확실히 해야 한다. 목적이 명확해야 무엇을 할지가 분명해진다. 자녀교육도 인생처럼 정답은 없다. 자기의 선택이 있을 뿐이다.

나는 글쓰기 경험으로 자기 치유의 도구, 자기 존재의 자기 글쓰기 목적이 분명했고, 그에 걸맞은 동기부여를 하고 환경을 만들어주었다.

글쓰기 재능을 찾아 키우려 하지 않았다. 단지 창조하고자 하는 인간 본성을 마음껏 즐기도록 환경을 만들어주었다. 글쓰기 대회, 글쓰기 지도, 글쓰기 수업을 하지 않았다. 딸아이는 원할 때 소소하게 글쓰기 대회에 참여했다. 초등학교 1학년 때 어린이 신문에 동시가 실린 적 있고, 지역도서관에서 주최하는 자작시 발표회에 한 번 참여한 적 있고, 영풍문고에서 주최하는 삼행시 짓기에 참여하여 참가상을 받은 적 있다. 그뿐이다. 이 모든 것은 스스로 하고자 해서 한 일이다. 딸아이는 일상적으로 글쓰기를 하며 즐긴다. 어디에서든 글감이 떠오르면 글을 쓴다.

작가의 꿈을 품고 책 쓰기에 도전하려 한 적이 있고, 상금을 받고자 글쓰기 대회에 도전하려 한 적도 있다. 나는 목적이 분명했기에 호들갑스럽지 않게 아이의 글쓰기를 묵묵히 지켜보면서 든든한 지지가 되어줄 수 있었다.

## 초등 글쓰기에 필요한 두 가지

우리나라 아이들은 글쓰기를 즐거워하는가? 자녀를 둔 부모들은 아니라는 것을 안다. 특히 초등생 아이들은 글쓰기를 거부한다. 글쓰기를 즐거워하지 않는 것은 아이들만의 문제가 아니다. 나도 어렸을 때 글쓰기를 좋아하지 않았다. 학창 시절 어버이날 부모님께 전하는 마음 몇 줄을 쓰는 것도 어려워했다. 취업을 위한 자기소개서 한 장 쓰기도 어려웠던 건 마찬가지다. 글쓰기는 피할 수 있다면 피하고 싶은 영역이었다. 왜 그랬을까? 방법을 몰라서? 글쓰기 지도가 부족해서? 글쓰기 영역의 교육 과정이 부족해서?

초등학교 6학년 2학기가 한창이던 어느 날, 딸아이가 국어 시간에 글쓰기 방법을 배웠는데 작가인 엄마에게 도움 될 것 같다며 노트 메모를 해왔다. 주장하는 글쓰기 방법으로 주장을 먼저 말하고, 되도록 능동태를 사용하고, 짧고 쉬운 표현을 사용해야 탄탄한 문장이 된다는 내용이었다. 딸아이가 설명한 글쓰기 방법은 글쓰기의 정석이다. 초등학교 1학년부터 고등교육 과정까지 '쓰기의 본질, 목적에 따른 글쓰기 유형, 쓰기의 구성 요소, 쓰기의 전략, 쓰기의 태도' 등이 각각의 단계와 수준에 맞게 체계적으로 구성되어 있다. 아이들은 의무적으로 국어 수업 시간에 글쓰기의 정석을 체계적으로 배운다.

그런데 왜 글쓰기를 즐거워하는 아이보다 어려워하고 싫어하는 아이가 더 많을까. 나는 그 이유를 쓰지 않고 쓰기를 배우기 때문이라고 생각한다. 초등학교는 담임교사제 통합수업 형태이다 보니 교사가 쓰기의 즐거움을 알지 못하면 쓰기에 시간을 할애하지 않는다. 교과별 수업 형태의 중학교는 시험을 위해 쓰기 지식을 가르치느라 쓰기 시간을 넉넉히 할애하지 못하는 현실이다. 우리나라 아이들이 글쓰기를 기피하는 것은 쓰지 않기 때문이다. 글은 쓸수록 쓰는 맛이 깊어진다.

글쓰기가 시작되는 초등기에는 쓰기의 즐거운 맛을 느껴보는 시간이 필요하다. 즐거운 글쓰기를 위해 두 가지만 있으면 된다. 바로 손힘과 막 쓰기(자율성)다.

초등학교 1학년 아이들이 글쓰기를 힘들어하는 가장 원초적인 이유는 손힘이 약해서다. 디지털 시대에 키보드로 글자를 입력하는 속도가 빠르고 쉽다. 편리한 시대를 살다 보니 손힘이 약하다. 손힘이 약하면 글씨를 쓸 때 손에 쥐가 나고 자세가 뒤틀리게 마련이다. 손힘이 약하면 글쓰기뿐만 아니라 자율성의 쾌감과 성취감 경험이 부족해진다. 초등기까지 교육 과정은 주로 손을 움직여 오리고, 만들고, 그리고, 쓰는 활동이 많다. 수업 시간의 과제 수행력은 성취감이 된다. 성취감은 자신감을 키우고 학교생활을 즐겁게 한다.

　손힘이 있으면 쓰기의 과제 수행력도 수월하다. 초등기 6년 동안 '쓰기'란 받아쓰기, 일기 쓰기, 반성문 쓰기, 문제에 답 쓰기 정도다. 초등 글쓰기는 문학성이나 재능을 요하는 쓰기가 아니다. 따라서 손힘만 있으면 쓰는 것을 어려워하거나 두려워하지 않을 수 있다. 딸아이는 손힘으로 공포의 초등학교 3학년의 생활도 무난히 극복했다. 딸아이에게 초등학교 3학년 시기는 공포였다. 딸아이는 3학년 때 반성문을 자주 썼다. 반성문 쓰기의 규칙은 공책 한 바닥 채우기, 자기 잘못 쓰기, 잘못된 점을 반복하여 쓰지 않기 정도였다. 이 규칙에서 벗어나면 선생님은 다시 쓰게 했다. 반복되는 문장을 피하기 위해 문장 만들기를 끙끙대며 어려워하는 친구들의 반성문을 대신 써주며 딸아이는 기뻐하기도 했다. 담임 선생님한테 받은 상처를 엄마에게 털어놓고 일기에 털어놓으며 무사히 마쳤다. 토론과 글쓰기로 공포의 3학년에 앙금을 남기지 않았다.

　음성인식으로 글쓰기가 가능한 요즘, 누가 손으로 글을 쓰느냐고 주장할 수 있겠지만 손힘은 아이들이 꼭 경험해야 할 것이다. 여기서 경험이란 자율성과 성취감을 의미한다. 뇌의 피질 영역 크기와 감각을 느낄 수 있는 능력에 따른 비율을 표현한 모형인 호문클루스를 보면 감각 영역과 운동 영역에서 가장 많이 차지하는 부위가 손이다. 손 사용은 뇌를 자극한다. 손으로 글씨 쓰는 행위는 인지 능력과 기억력을 증진시키는 효과가 있다.

또 하나는 막 쓰기(자율성)다. 자녀의 글쓰기 지도를 위해서가 아니라 내가 글이 쓰고 싶어서 글쓰기 공부를 시작했다. 글쓰기에 무지해서 기초부터 차근차근 배우자는 마음으로 초등 글쓰기부터 공부했다. 무지한 사람에게 방법은 오히려 글쓰기 걸림돌이 되었다. 초등 글쓰기 공부로 글쓰기를 포기했다. 그러다 글쓰기를 다시 시작하게 해준 말을 만났다.

'글쓰기는 손이 하는 일이며, 손끝을 따라 막 쏟아내는 것이다.'

이 말이 작가가 되는 초석이 되었다. 방법과 틀 없이 손 가는 대로 자유롭게 글을 썼다. 문법, 문장력, 타인의 시선에서 벗어나 자유롭게 글을 썼다. 자유롭게 글을 쏟아내는 그 통쾌함이 좋아서 글을 썼다. 자유 글쓰기와 작가의 글쓰기는 다르다. 초고 집필은 즐거움과 통쾌함이 있지만, 본격적인 책 출간 목전에는 뼈를 깎는 퇴고가 있다. 퇴고는 '토가 나오는 쓰기라서 토고'라고 할 만큼 힘들었다. 위경련이 오고, 다음에 다시는 책을 안 쓰겠노라 다짐할 정도로 힘들었다. 그러나 매일 자유롭게 글을 쓰는 창조적인 행복감이 좋아서 글을 쓴다. 그 글들을 모아 사람들과 나누고 싶은 마음에 힘든 퇴고를 다시 한다.

내 글쓰기에 '첨삭 지도'가 있었거나 평가가 있었다면 지금의 글 쓰는 행복은 없었음을 확신한다. 초등 글쓰기 책이 걸림돌이 되었던 것처럼 말이다. 초등 글쓰기는 작가 혹은 문학가 만들기 프로젝트가 아니다. 초등 글쓰기는 외부의 원칙 없이 자기 원칙에 따라 스스로 자신을 조절하는 자율성이면 충분하다. 팔딱팔딱 살아 숨 쉬는 자신의 글을 형식에 가두면 좋은 형식의 글은 될 수 있지만, 창조의 본성은 숨을 죽인다.

손힘과 막 쓰기(자율성). 두 가지는 특별하지 않지만 가장 특별한 것이다. 형식에 갇힌 글쓰기로 초등 글쓰기에 특별히 중요한 것들을 놓치고 싶지 않았다. 나는 작가이지만 첨삭 지도나 글쓰기 지도를 하지 않았다. 그래서 딸아이는 글쓰기를 즐거워한다.

자녀에게도 집안일을 부여해야 한다. 집안일에 참여하면 손힘도 길러지고, 글감도 쌓이고, 묘사적 표현에도 도움 된다. 집안일은 자율적인 자기통제 경험과 더불어 문제해결력도 키우는 데 제격이다. 아이들이 글을 쓸 때 가장 곤란해하는 것은 '무엇을 쓸까?'이다. 나도 처음 글을 쓸 때 '무엇을 쓸까?'에서 막혔다. 경험은 글감이 된다. 경험은 막 쓰기를 할 때 '막'에 힘을 실어주고 타인을 돕는 글이 된다. 블로그 글은 대개 경험 글이다. 무엇에 관하여 검색하면 그 무엇을 먼저 경험한 사람들의 블로그 글이 검색되고 이를 통해 도움을 받는다.

묘사는 감각적 경험을 상상하도록 표현하는 방법이다. 묘사가 잘된 글은 생동감이 있다. 직접 경험해본 사람이 묘사를 더 잘할까, 경험해보지 못한 사람이 더 잘할까? 이를 비교해보면 복잡하게 분석하고 연구하지 않아도 명백히 알 수 있다. 육아를 자세히 감각적으로 묘사할 수 있는 사람은 육아 경험을 한 엄마들이다. 엄마들의 육아에 공감하는 사람들도 육아 경험을 한 엄마들이다.

초등기 아이들은 경험을 막 쓰는 글쓰기면 충분하다. 경험을 쓰면 자기 글이 되고 형식에 가두면 형식적인 글이 된다. 글쓰기 또한 독서와 토론처럼 형식에 가두지 말아야 한다. 독토글에 핵심 원칙은 '형식에 아이를 맞추는 게 아닌, 아이의 형식을 만들어가는 것'이다.

요컨대 초등 글쓰기에 필요한 두 가지, 손힘과 막 쓰기는 부모의 물리적 노력이 필요 없다. 인식 전환만 필요할 뿐이다. 나의 인식 전환 덕분에 딸아이는 초등기 6년 동안 글쓰기를 스트레스받지 않고 즐겁게 했다. 사실, 글쓰기 재능을 키워보려고 한두 번 욕심부린 우를 범한 적이 있는데, 그 경험이 원칙을 더욱더 지키도록 도왔다.

## 관찰력을 키우는 글쓰기

세상을 바꿀 수 있다는 '관찰력'을 어떻게 키울까? 나는 어릴 적부터 자세히 살펴보지 못해 많이 혼났다. 혼나기 싫어서 자세히 살펴보려 노력했으나 내 눈에는 안 보였다. 그래서 관찰력은 타고난 것이고 과학 탐구 분야에 특출한 사람들에게만 존재하는 능력이라 생각했다.

글쓰기를 한 후에 관찰력을 키우려 애쓰지 않고도 관찰하는 나 자신을 발견했다. 나는 유치원 원감이었다가 지금은 부모교육 강사로 활동 중이다. 줄곧 교육자의 길을 걸었으니 부모·자녀·교육에 관계성이 높고, 당연히 관심 또한 높다. 그러니 자연히 그 분야의 글쓰기를 주로 한다. 관심이 있으니 의도하지 않아도 수시로 부모, 자녀 들을 자세히 살피고 질문하고 분석하려 한다. 경험한 바, 관찰력을 키우는 데 글쓰기만 한 게 없다. 관찰력의 다른 말은 관심, 관계성이다.

관찰력이 관심이라는 의미는 관심이 있어야 자세히 살펴보게 된다는 말이다. 관찰력이 없는 사람도 관심만 있으면 그것만큼은 자세히 살펴본다. 관찰력이 관계성이라는 의미는 대상과 자기 사이에서 심리적·정서적·신체적으로 관계된 정도가 높으면 자세히 살펴보게 된다는 말이다.

글쓰기를 좋아하고 즐거워하는 딸아이는 중학생이 된 3월에 외할머니 생신 편지를 쓰려다 포기했다. B5 한 장에 '할머니 엄마 낳아주셔서 감사합니다. 생신 축하드려요' 외에 더 쓸 말이 없다고 했다. 외할머니와는 1년에 서너 번 안부를 묻는 정도의 관계성을 형성하고 있으니 쓸 내용이 없을 수 있다. 인생을 더 살아보면 형식적 안부 글은 더 많이 쓸 수 있으니 글쓰기 능력이 부족하다는 염려를 할 필요는 없다. 형식적인 글쓰기는 관찰력을 키울 수 없다. 딸아이는 작은 관심으로 '동시' 쓰기를 했고 그 후 주변을 자세히 살핀다. 동시와 관계성이 높아질수록 다른 사람들의 동시를 자세히 살펴 읽는다. 딸아이의 작은 관심은 어린이 신문 뒷면에 실린 친구들의 동시였다.

어느 날 딸아이는 초등생 친구들의 시는 어떻게 신문에 실리느냐고 물었다. 관심 있는 누구나 시를 써서 신문사로 보내면 된다고 답해주었다. 독감 주사를 맞은 경험을 써서 신문사에 보내달라고 했다. 그때 어린이 신문에 실린 동시는 다음과 같다.

독감

머리에 엿이 뽀글 뽀글
머리가 어질 어질

병원에 갔더니

아픈 주사 바늘 쏙~~

몸아 미안해


자신이 쓴 동시가 자기 이름과 소속 학교와 함께 신문에 실렸다는 것에 자랑스러워했다. 우리 부부는 '우리 집안 최연소 신문에 이름을 올린 인물'이라며 축하해주었다. 작은 관심이 동시와 관계를 맺었고 시시때때로 동시를 썼다. 시를 모르지만 자녀가 쓴 것은 시가 아니라 그냥 짧은 글이라는 것 정도는 구분할 줄 알았다. 동시 쓰기 수업이나 이론을 적용하려 조급해하지 않으면서 그저 쓰기에 흥미를 잃지 않도록 감탄해주었다. 다만 노트 한 권을 선물하며 노트에 시를 써서 책으로 출간하면 어떻겠느냐고 제안한 적은 있다. 순간순간 떠오르는 시를 쓰려면 노트를 계속 가지고 다녀야 하는 불편함이 싫다고 했다. 딸아이는 놀이터에서 놀다가 바닥에 시를 쓰기도 하고, 학교 수업 시간 노트 한구석에 시를 쓰고, 친구랑 놀다가도 시를 썼다. 쓰면 주변, 상황, 자연이 더 자세히 보인다.


하늘에게 묻는다

나는 왜 존재하는가?

구름에게 묻는다

나는 왜 살아 있는가?

태양에게 묻는다

나는 무엇을 해야 하는가?

돌아오는 대답

넌 너이기 때문에 존재하며

넌 살아 있기 위해 살아 있으며

넌 무엇을 해야 하는지 알고 있다

무엇을 해야 하는가를 찾을 수 있는 열쇠는 나한테 있다


3학년 때 학교 오가는 길에 나무의 흔들림을 살핀 후 시를 썼다. 하굣길에 늘 서 있는 나무를 하루라도 가만히 서서 관찰해본 적 있는가. 글쓰기를 하면 자신을 둘러싼 환경과 상황을 자연스레 관찰하게 된다.

바람에 흔들리는 나무처럼

바람에 흔들리는 나무처럼 싱그럽고 맑게

바람에 흔들리는 나무처럼 유연하고 곧게

바람에 흔들리는 나무처럼 은은하고 반짝이게

바람에 흔들리는 나무처럼 나는 나답게


등굣길에 흔들리는 나무를 보았는데 하굣길에도 나무가 흔들리고 있었단다. 그래서 나무가 바람에 몸을 맡겨 부드럽게 흔들리는 것처럼 아이도 따라 해보았는데 역시 나무의 흔들림은 표현할 수가 없어서 나는 나답게 흔들리기로 했단다. 그렇게 생각하니 《내 이름은 나답게》라는 동화책이 떠올랐단다. 그때쯤 이 동화가 재미있다며 여러 번 읽었다.

이것이 읽기와 쓰기와 자기 삶과의 관계성이다. 글쓰기의 관찰은

자연의 법칙과 질서를 꿰뚫어 보고 자신의 언어로 깨달음을 주고, 인생을 안내해주는 자기 내면의 안내자 역할을 한다. 아이의 시가 좋아질 때 내 욕심이 고개를 내밀고 아이의 쓰고 싶은 욕구보다 앞서 '상', '시집 출간'의 결과물을 만들어내려 했다. 아이의 시 쓰기는 엄마의 욕심에 걸려 넘어지고 말았다. 다행인 것은 욕심을 얼른 알아차려 멈추었고, 글쓰기는 그 당시 좋아하던 판타지 모험소설 흉내 내기로 넘어갔다.

독서는 어휘량을 키우고 글쓰기는 어휘의 정확성을 키운다. 글을 쓰다 적합한 어휘를 찾고 어휘의 정확한 뜻을 알기 위해 자발적으로 사전을 찾아 확인한다. 맞춤법도 자발적으로 신경 써서 쓰게 된다. 이 또한 어휘의 세밀한 관찰력이다. 아이들의 성향, 환경, 관심은 모두 다르다. 어떤 아이들은 맹자처럼 부모가 만들어주는 환경에 반응할 수 있지만 모두가 맹자는 아니다. 자녀의 성향을 세밀히 관찰하면서 그 아이에게 맞는 환경으로 따라가주면 된다. 결국 글쓰기, 자녀교육도 관심이다. 맹자의 훌륭함은 맹모가 자녀교육에 관심을 가지고 맹자의 행동을 자세히 살펴보면서 그에 맞는 환경을 제공해주었기에 가능한 일이었으리라.

관찰력은 세상을 바꾸기 전에 자기 자신을 바꾼다. 사람들은 자기를 소개하는 가장 쉬운 글쓰기조차 어려워한다. 왜일까? 자기 자신에게 관심을 가지고 관찰하지 않아서, 그렇게 자기를 모르기 때문이다. 사회가 요구하는 인재상의 형식에 자기를 맞추려고만 하다 보니 어려울 수밖에 없다. 살아보니 자기소개를 할 때가 많다. 평상시 자기를 관심 있게 살피면 간결하게, 진솔하게, 쉽게 자기소개를 할 수 있다. 자기 관심은 자기 사랑의 기본이다. 자기를 사랑하는 사람은 자기를 좋은 방향으로 바꾸어가며 산다. 자기를 관찰하는 글쓰기로 는 감정 쓰기, 감사 쓰기, 일기 쓰기를 추천한다.

요컨대 글을 쓰면 관찰력이 생긴다. 글을 매일 쓰면 관찰력 또한 매일 키워진다. 잘 쓰지 않아도 된다. 그냥 쓰면 된다. 관찰력을 키우 는 글쓰기의 시작은 관심이다. 부모의 자녀 관심, 자녀의 부모 관심 에서부터 시작하면 어떨까.

첫째, 감탄하기다.

감탄하기는 인지부조화의 원리를 적용한 것이다. 심리학자 레온 페스팅거의 인지부조화 이론에 따르면, 사람은 격려받으면 격려에 어긋나지 않으려 노력하는 심리가 발동한다고 한다. 딸아이의 글쓰기 시작 9할은 '감탄'이었다. 아이가 쓴 글에 "와! 재미있다", "어떻게 이렇게 표현할 수가 있지? 대단한걸", "도꼬마리는 어떻게 알았니? 책을 읽으니 엄마보다 아는 단어가 더 많아지네. 엄마도 더 부지런히 읽어야겠구면" 하는 식으로 긍정적인 감탄만 해주었다. 글쓰기가 어렵고, 싫고, 못하는 것 같지만 부모가 감탄해주면 감탄에 어긋나지 않으려 노력하게 된다.

자녀가 자동차에 관심을 보인다면 자동차 이름 지어주기, 이름을 지어준 배경에 대한 설명을 쓰도록 도우면서 함께 관심을 보이고 감탄해주자. 어떤 분야의 글이든 글쓰기를 하면 그 분야는 자세히 살펴보게 되고, 글쓰기를 할수록 모든 걸 세심히 관찰하는 눈이 생길 것이다.

둘째, 감정 쓰기·감사 쓰기다.

감정 쓰기를 할 때 감정 단어를 모르기 때문에《아홉 살 마음 사전》,《42가지 마음의 색깔》같은 감정 관련 책을 보조 자료로 사용해본다. 감정카드 활용도 효과적이다. 나는 책과 감정카드 둘 다 활용했다. 감정카드 활용 방법은 간단하다. 감정 쓰기의 경우, 감정카드를 펼쳐놓고 지금의 감정을 고른다. 감정 단어를 쓴다. 감정 단어를 쓰면 그 감정에 대해 마음이 움직일 것이고 마음결을 따라 막 쓰면 된다. 감정 말하기의 경우, 감정카드를 펼쳐놓고 지금의 감정카드를 고른다. 카드를 내려놓으면서 감정에 대해 말한다.

감정 쓰기를 따로 떼어서 하기는 익숙해질 때까지만 했다. 감정 쓰기가 자연스러워지면 매일 쓰는 일기에 자기 감정을 담기 때문이다. 자기 욕구, 자기 감정을 살피는 일이 가장 기본적인 자기 관심이며 자기 사랑이다. 자기 욕구와 자기 감정만 알고 표현해도 원만한 관계 맺기를 할 수 있다. 자기 자신과 관계가 원만하다는 건 자존감이 높다는 것이다. 자존감이 높은 사람은 타인과의 관계도 원만하다. 자기를 꾸미지 않고 있는 그대로 진솔하게 소개하기가 편안해지고 쉬워진다.

감사 쓰기는 일기 마지막에 매일 쓰게 했다. 감사는 전두엽을 행복하게 해준다. 행복한 전두엽은 편도체에게 행복 호르몬을 분비하도록 지시한다. 감사는 행복이다. 감사한 일이 없는 것 같은 일에도 감사는 존재한다.

얼마 전 눈길에 미끄러져 오른팔 골절 수술을 했다. 부주의로 말미암은 갑작스러운 불행 때문에 화, 짜증, 원망의 부정적 감정이 일어났다. 그럼에도 수술할 수 있어 다행이고, 팔이어서 다행이고, 팔 하나만 다쳐서 다행이라며 의도적으로 감사했다. 인생에는 많은 변수가 있고, 그 대부분은 자기가 통제할 수 없다. 통제할 수 없는 일에 매달리는 것은 전두엽에게 불행을 주문하는 것과 같다. 전두엽은 편도체에게 불행 호르몬을 지시한다. 할 수 없는 일은 흘려보내고 할 수 있는 것만이라도 하고 산다! 딸아이도 그리 살았으면 좋겠다는 마음으로 네 살 때부터 감사하기를 했다.

글을 읽고 쓸 수 없는 나이에는 잠자기 전에 나란히 누워 감사할 거리를 말한다. 엄마가 먼저 감사한 일들을 말하면 아이도 따라서 감사한 일들을 말한다. 감사 말하기가 익숙해지면 아이가 먼저 한다고 할 때도 있다. 순서는 아이에게 선택권을 준다. 딸아이의 경우 글을 쓰기 시작한 초등학교 1학년 때부터 일기 쓰기를 시작했고 일기 마지막에 감사한 일들을 기록했다.

초등기 6년 동안 감사를 대충, 형식적으로 칸 채우기를 하는 것도 같았지만 가르치거나 수정시키려 하지 않았다. 마음에서 우러나 하는 감사가 아닐지라도 엄마는 재단하지 말아야 한다.

딸아이와 함께 나도 거의 매일 감사한 일을 찾아 쓴다. 감사한 면을 생각하는 것이 습관이 되어 감사하게 된다. 엄마의 감사를 일상에서 듣는 딸아이의 감사가 어느 순간 삶의 일부분이 되리라 생각한다. 일기 쓰기보다 감사 쓰기가 더 쉽다. 하루 중 감사를 느낀 점을 모으면 그게 하루 일기다. 감사할 거리를 찾는 과정이 하루를 회상하는 시간이기 때문이다.

초등기에 가장 쉽게 접근할 수 있는 글쓰기는 '나'에 관한 것이다. 나의 감정, 나의 생활, 나의 생각, 나의 관심이다. 그중에서 나의 관심은 자발적으로 즐겁게 할 수 있다. 자녀가 자기 자신에 대해 끼적거리는 글쓰기에도 부모가 해야 할 것은 '감탄하기'다.

# 자기 정화 글쓰기

삶은 스트레스와 더부살이다. 필요 이상의 스트레스는 병이 되니 해소해야 한다. 가만히 있어도 집에 먼지가 쌓이듯 인간에게도 스트레스가 쌓인다. 먼지를 없애려면 털어내고 쓸어내 청소하듯 스트레스도 그렇게 해소해야 한다. 먼지가 생기지 않도록 할 수 없듯이 감정과 생각이 생기지 않도록 할 수는 없다. 집 안 먼지 청소는 어른이 하면 되고, 공기정화는 공기청정기가 하면 되지만, 인간의 스트레스는 자기 자신이 해야 한다.

스트레스를 해소하는 방법, 마음을 정화하는 방법은 다양하지만 가장 보편적으로 쉽게 할 수 있는 것은 자기 정화 글쓰기다. 특히 초등생 아이들에게 가장 원초적인 자기 고백은 두려움과 불안으로부터 자유로울 수 있는 내면의 힘을 키운다. 자기를 편안하고 안전하게 털어놓을 수 있는 비밀 공간이 필요하다. 그게 바로 일기 쓰기다.

《안네의 일기》에서 안네는 일기가 자신의 모든 비밀을 털어놓을 수 있는 마음의 안식처이자 절친한 친구라고 했다. 안네는 1929년 독일 프랑크푸르트에서 태어난 유대계 독일인으로, 나치당의 유대인 학살정책 때문에 은신해야 했다. 그 감옥과 같은 은신처에서 그녀는 1942년 13세 생일 선물로 받은 일기장에 외롭고 힘든 마음을 썼다.

'아마 당신도 1년 반이나 갇혀서 지낸다면 종종 견딜 수 없게 될 때가 있을 거예요. 아무리 올바른 판단력이 있고 감사하는 마음을 잊지 않아도 마음 깊은 곳의 솔직한 느낌까지 억누를 수는 없거든요.'

억누를 수 없는 마음 깊숙한 곳의 솔직한 느낌을 털어놓아야 한다. 억누른다는 건 스트레스를 쌓아두는 것과 같다. 억눌린 스트레스는 언젠가 자기 자신을 해치는 무기가 된다. 안네는 일기 쓰는 이유를 이렇게 밝혔다.

'내가 왜 일기를 쓰기 시작했는가에 대해서 말할 차례인데, 그건 한마디로 마음을 털어놓을 만한 참다운 친구가 나에게는 없기 때문입니다.'

외로움은 혼자 있을 때 느끼는 게 아니라 교감하지 못한다고 느낄 때 발생한다. 독서는 작가와의 교감, 등장인물들과의 교감이며 글쓰기는 자기 자신과의 교감이다.

딸아이가 초등기 6년 내내 친구 맺는 데 힘들어했지만 즐겁게 학교생활을 할 수 있었던 것은 책과 교감하기, 엄마와 교감하기, 자기 자신과 교감하기를 했기 때문이다. 초등기는 마음을 털어놓을 참다운 친구를 맺을 만한 정신적 성숙이 미흡한 시기라 자기 자신과의 교감이 중요하다.

《엉망인 채 완전한 축제》의 저자 술라이커 저우아드는 스물두 살에 급성 골수성 백혈병 진단을 받고 자신의 언어로 투병 경험을 기록하며 내면의 힘을 찾기 시작했다. 그는, 일기 쓰기는 투병의 고통에서 생의 의미를 느낄 수 있는 동력이라고 했다.

'간병인에게 거의 모든 걸 의존해야 했던 시기에도 글을 쓰다 보면 자기 통제력을 되찾은 것 같았다. 나는 경험을 글로 옮기면서 고통을 정돈할 수 있었고 (중략) 글쓰기가 나를 구해주었다고 해도 과언이 아닐 것이다.'

자신이 원한 적 없지만 마주해야만 하는 그 버거운 고통을 글로 썼다. 글쓰기는 고통을 정돈하고 고통으로부터 구원하는 내면의 힘이다.

《배움의 발견》의 저자 타라 웨스트 오버의 특별한 성장 이야기에서도 자기와 교감하는 일기 쓰기의 힘을 발견할 수 있다. 타라의 아버지는 세상 종말이 임박했다고 믿는 모르몬교 근본주의자였고, 공교육에 대한 불신 때문에 16년간 학교에 보내지 않았다. 타라에게는 출생증명서도 없었다. 가정 분만으로 태어난 타라는 한 번도 의사나 간호사와 마주해본 적이 없었다. 당연히 의료 기록이 없었으므로 아이다호 주정부와 연방 정부에 타라는 존재하지 않는 아이였다.

나는 이 책을 읽으면서 아버지 때문에 세상과 단절된 타라가 자기 삶을 바꿔 나아가는 그 내면 힘의 근원을 찾으려 노력했다. 이 책 그 어디에도 일기 쓰기로 자기와 교감한 덕분이라는 타라의 고백은 없지만, 나는 일기 쓰기 덕분이라 추측한다.

자기 정화의 글쓰기에 원칙은 딱 하나다. 비밀 보장의 원칙이다. 스스로 말하거나 보여주지 않으면 은밀한 자기 공간, 비밀 공간을 침

범하지 않는다. 사실 아이가 초등 저학년 때는 학교 간 사이 아이의 마음을 알고 싶어 살짝 들춰보기도 했다. 대충 쓴 날, 안 쓴 날, '엄마가 싫다'는 한 문장으로 한 바닥을 채운 날, 글씨를 알아볼 수 없게 쓴 날도 있었지만 개입하지 않았다. 자기 정화가 아니라 글쓰기에 초점을 맞추어 개입했더라면 노출의 위험을 느껴 지금까지 지속되지 않았을 것이다. 엄마가 싫다는 아이의 감정에 부모가 개입할 권리는 없다. 고학년 때부터는 비밀 보장의 원칙을 확실히 지켜주고 있다. 절대 엿보지 않는다. 딸아이는 자기의 모든 것을 일기에 털어놓으면서 한 번의 정화를 거쳤기에 나에게도 편하게 털어놓는다.

첫째, 함께하기다.

우리 모녀는 거실 책상에서 함께 공부하고 함께 일기를 썼다. 독서와 글쓰기가 중요하다고 가르치지만 아이들은 중요하게 여기지 않는다. 그토록 중요하면 부모가 먼저 할 일이라는 것을 아이들이 알고 있기 때문이다. 엄마가 매일 일기를 쓰니 저항 없이 자연스럽게 받아들인다. 아이가 초등학교 1학년 때부터 우리는 자기와의 내밀한 고백, 자기와의 교감을 이어오고 있다. 엄마가 매일 일기를 쓰는 모습을 보아서 그런가, 단 한 번도 일기 쓰기가 싫다고 거부한 적이 없다. 거부하지는 않지만 쓰기 싫은 날은 안 쓴다고 말한다. 나 또한 못 쓰는 날도 있기에 매일 쓰기를 강요하지 않는다.

둘째, 모든 것을 안전하게 털어놓을 수 있도록 비밀을 보장해주기다.

일기를 재미있게 쓰던 아이가 학교에서 일기 쓰는 방식을 배우고 검사를 받기 시작했다. 그때부터 "뭐 써요? 어떻게 써요?"하고 묻기 시작했다. 선생님께 칭찬받을 거리를 찾으려 한 것이다.

"일기를 어떻게, 무엇을 써야 할지 고민스러울 때가 있지만 그건 너 자신만이 알 수 있는 거라 엄마가 도울 수 없어. 그러니 너 자신에게 물어봐"라고 무한 반복으로 말해주는 것이 내가 할 수 있는 최고의 방법이었다.

셋째, 일기에 관한 책 권하기나.

갈급하면 스스로 찾는다. 딸아이는 일기 쓰기에 관한 동화책을 스스로 찾아 읽었다. 책에 소개된 방법으로 일기를 쓰며 재미있어했다. 특히 만화 형식으로 쓰는 것에 흥미를 보였다. 갈급하도록 일기에 관한 책을 권했다. 일기를 어떻게 쓰냐고 묻기 시작했을 때를 놓치지 않고 일기에 관한 동화가 있음을 넌지시 알려주기 위해 도서관에서 대출한 책을 거실에 깔아두었다. 강요 없이 눈에 띄게 하는 게 핵심이다.

# 핵심 정리 글쓰기

나는 많은 사람을 만나는 업을 20년을 넘게 하고 있다. 영아기 아이들부터 고등학생 청소년까지 수업에 참여했고, 부모교육과 양육 상담으로 어른들을 만난다. 많은 사람과 대화하다 보면 '무슨 말을 하려는 거지?', '그래서 어쨌다는 거지?' 하는 생각이 절로 들 만큼 핵심 없는 장황한 설명을 들을 때가 있다. 강의에서 질문받을 때도 질문 핵심이 뭔지 질문자에게 확인해야 할 때가 있다. 특히 아이들과 수업할 때 교사의 질문 의도와 관련 없는 자기가 알고 있는 말을 하거나 질문 의도를 모르는 많은 아이를 만난다.

'핵심'이 무엇인지 모르는 아이들에게 어떻게 핵심을 요약할 수 있게 할까? 어려운 과제다. 거기에 아이들이 싫어하는 정도를 넘어 거부하는 글쓰기까지 붙는 핵심 정리 글쓰기를 스스로 하도록 만들기가 가능할까? 무엇을 써야 할지 모른다는 학생들에게 먼저 말하게 하고, 지금 말한 것을 종이에 써보라고 했다. "아, 싫어요", "기억이 안나요" 하는 아이들이지만 핵심 파악 능력은 피해 갈 수 없다. 시험문제의 핵심을 파악할 수 있어야 답을 찾는다. 인생 문제에도 핵심을 파악할 수 있어야 문제해결을 위해 무엇을 해야 할지 알고 일의 순서도 정할 수 있다.

핵심 파악 능력은 복잡하거나 많은 정보의 양을 쉽게 이해하도록 도와준다. 즉, 학교 수업 시간에 받아들이는 많은 정보를 들으면서 바로바로 핵심을 파악해 구조화하면 공부를 잘할 수 있다. 핵심 파악이 안되면 노트 정리도 안된다. 들으면서 바로바로 핵심을 파악하고, 핵심을 말할 수 있고, 핵심을 정리하여 쓸 수 있도록 뇌 구조화 훈련을 해야 한다.

읽기는 중심 내용과 뒷받침 내용 간의 구조 흐름을 파악하는 훈련이다. 꼭 책이 아니어도 좋다. 신문, 짧은 글, 문제지 지문, 잡지, 홍보지 등 그 무엇이라도 많이 읽으면 도움 된다. 읽기는 자연스러운 핵심 파악 훈련이지만 의도적으로 하게 한 활동이 있다. 하나는 핵심 찾기 훈련이다. 핵심 내용에 밑줄 긋기, 하트, 별, 동그라미 등 표시하기다. 표시는 쉬운데 핵심 내용을 찾는 것이 어렵다. 쉽게 찾을 수 있는 어린이 신문, 독해력 문제집 지문을 활용하면 좋다. 신문만큼 주장과 논리적 근거가 확연하게 드러나는 글은 없다. 주장, 중심 내용 찾기가 쉽다. 핵심 내용을 찾으라고 하면 어렵다. 핵심 내용이라는 말을 쉽게 이해할 수 있도록 설명해준다. 예를 들면 '글쓴이가 하고 싶은 말이 무엇일까?'를 밝혀내는 탐정 놀이를 하는 거다. 보물지도에 보물 표시가 있는 것처럼 표시를 해두는 것이다. 어떤 표시를 하면 좋을지 선택하게 한다.

아이가 초등학교 3학년 때부터 독해력 문제집을 하루에 한 장씩 풀게 했다. 독해력 지문을 읽을 때도 핵심 내용을 파악하도록 도왔다. 예를 들면 이런 식이다.

"문제를 낸 사람들이 글 속에 답을 숨겨놓았거든. 답은 주장과 주장을 설명하는 글에 있어. 주장과 주장을 설명하는 글을 구분해서 표시해두자."

그렇게 어떤 표시를 하면 좋을지 선택하게 했다. 매일 읽는 어린이 신문과 독해력 지문 읽기로도 충분하다. 국어 시간에 두괄식 표현을 배운 다음에는 핵심 찾기가 수월해진다. 그리고 일상생활에서 말할 때 핵심 말하기를 훈련했다. 간혹 긴 설명을 한 후에 "엄마가 말하고자 하는 핵심을 한마디로 정리하면 ~라는 거야"라고 구분해주었다. 엄마의 잔소리는 핵심이 없거나 왔다 갔다 하여 혼란스럽기 때문에 긴 설명, 잔소리에는 구분을 해주었다. 아이들이 엄마 말을 안 듣는 것은 말에 핵심을 몰라서이기도 하다. 혼난 것 같은데 왜 혼났는지 모르는 경우가 많다. 핵심 파악 능력은 행동 수정에도 도움된다.

아이가 말할 때도 "네가 말하고자 하는 핵심은 ~라는 거지?"라고 확인해준다. 경청했다는 확인이기도 하고, 이해 여부의 확인이기도 하고, 핵심의 확인이기도 하다.

또 하나는 도식화하기다. 도식화해서 정리하기는 언어의 좌뇌와 그림의 우뇌가 함께 작용한다. 도식화하는 방법으로는 흔히 사용하는 마인드맵, 브레인스토밍, 그림과 연결하기 등이 있다. 나는 자유롭게 선택할 수 있도록 핵심 정리를 해놓은 글쓰기를 보게 해줬다.

다빈치, 뉴턴, 아이슈타인의 노트 그림을 보여주었고, 어린이 동화

의 메모, 노트 쓰기를 한 사례를 보여주었다. 핵심 정리 글쓰기가 습관
이 된 후에 도식화하는 방법을 보여주었더니 잘 활용했다. 처음에는
핵심 정리라기보다는 내용 정리였다. 하지만 할수록 능력이 생겼다.

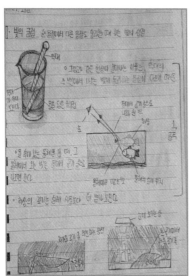

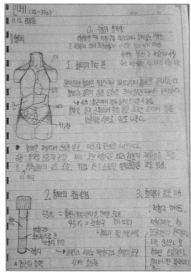

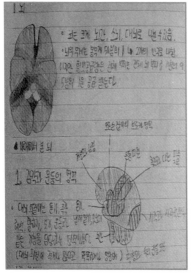

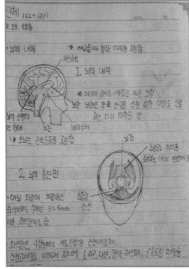

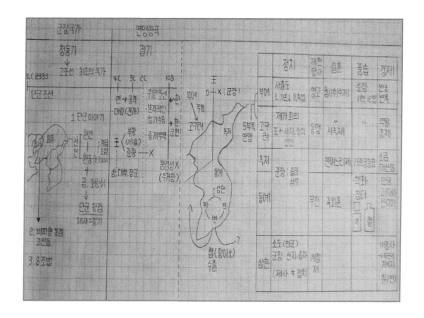

내용 간추리기 능력을 키운 다음, 핵심 정리 능력으로 이동했다. 그렇게 점점 핵심만 추출했다.

핵심 정리 글쓰기는 핵심 요약하기를 통해 추출 가능한 추상력을 키우는 데도 영향을 미친다. 교사 설명식 수업은 학생 스스로 핵심을 파악하도록 도와주지 못한다. 핵심을 찾아 이해하도록 설명하는 방식이기 때문이다. 핵심 파악 능력은 자기주도학습을 통해 키워진다.

핵심 파악 능력이 생기면 핵심 정리 글쓰기를 시작하고, 핵심 정리 글쓰기가 수월해지면 도식화하기로 넘어간다. 초등기 6년 동안 시간을 두고 단계별로 천천히 옮겨 갈 수 있도록 돕는다.

첫째, 1~2학년 때는 핵심만 말하기 훈련을 돕는다.

아이들이 "아는데 틀렸다"라고 할 때가 있다. 안다는 것은 쉽게 이해하도록 설명할 수 있다는 것이고, 복잡한 것을 한마디로 요약을 할 수 있다는 것이다. 초등기 아이들과 수업할 때 아이들은 아는 게 있으면 "저 알아요" 하며 자기가 안다는 걸 말하고 싶어 한다는 것을 알게 되었다. 그때가 설명하게 할 기회다.

"알고 있었구나!(지지) 설명 좀 해줄래?(부탁)"

명확히 알고 있는지 스스로 분별하기를 먼저 한다. 주로 아이들은 설명하다가 "아, 모르겠어요"라고 한다. 저학년은 핵심 파악 구조화 훈련이 미흡하기 때문에 일어나는 자연스러운 현상이다.

둘째, 3~4학년 때는 핵심 찾기 훈련을 돕는다.

핵심 찾기 훈련은 앞서 언급한 내용을 참조하자.

셋째, 5~6학년 때는 핵심 정리 글쓰기를 돕는다.

딸아이의 경우, 흥미를 보이는 지식 과학 동화책으로 시작했다. 글쓰기를 싫어하거나 힘들어하지 않았고 오히려 손글씨 쓰는 맛이 조금 들기 시작했고 과학을 좋아하니 거부감 없이 즐겁게 했다. 과학, 미술, 정치경제, 역사, 백과사전 순으로 핵심 정리 글쓰기를 꾸준히 하고 있다. 중학생이 된 지금은 심리 관련 책을 읽고 핵심을 정리한다.

주의점은 핵심 정리 글쓰기 책과 하루 분량은 자녀가 결정하도록 하는 것이다. 인간은 자기 결정권을 보호받을 때 의무를 다하려 하기 때문이다. 핵심 정리 글쓰기는 자연스럽게 노트 정리 글쓰기와 연결된다.

## 생각의 글쓰기

4차산업혁명 시대의 주인공인 아이들에게 가장 필요한 것은 '생각력'이다. 사실 시대 구분 없이 인간을 인간답게 하는 것은 생각력이다. 생각력을 중시하는 대표적인 민족은 유대인이다.

나의 자녀교육 철학의 근간은 유대인의 교육이다. 내가 할 수 있는 것이라면 최선을 다해 교육자로 사는 동안 유대인의 교육을 관심 있게 연구하는 거다. 세상에서 가장 귀한 내 아이를 위해 엄마가 할 수 있는 최선의 교육 환경을 주고 싶은 욕심도 있다.

유대인들은 '어떻게 생각을 키우는가?'에서 '나는 어떻게 생각을 키워줄 것인가?'의 정보를 찾고자 노력한 시간이 뜻하지 않게 '나는 생각하고 있는가?'라는 본실직 질문을 안겨주었다.

생각력에 대해 우리가 알아야 할 것 두 가지가 있다. 하나는 인간은 생각하는 존재이지만 아이들은 생각하지 않도록 길들고 있다는 것이다. 육아가 힘든 것은 자녀에게 조건 없이 주어야 하기 때문이다. 없는 것을 주어야 할 때는 더욱 힘들다. 예를 들면 체력이 바닥일 때 안아달라고 하면 눈물 난다. 부모의 사정을 이해할 나이가 아니라는 것을 알지만 안아주지 못하는 미안함과 육체적 고달픔에 화가 폭발한다. 자신에게 없는 것을 요구받을 때 미안하거나 화가 나는 것은 당연한 이치다. 이처럼 아이들에게 없는 것을 부모가 계속 요구하면 미안해서 주눅이 들거나 화나서 반항한다. 자기 생각이 뭔지 모르는 아이들에게 생각을 요구하는 건 생각을 키우는 게 아니라 자존감을 낮추는 것이다.

생각력을 키우기 위해서는 생각하기가 먼저다. 자기 생각을 해볼 시간이 필요하다. 그 적기가 초등기까지다. 어릴 때는 모든 '생각'이 존중을 받지만 연령이 높아지면 '수준에 맞는 생각'이 요구되기 때문이다. 생각을 잘못 말하면 예컨대 "그게 고딩의 생각이니?" 하는 식의 핀잔을 듣는다.

또 하나는 어른들이 생각을 묻는 '네 생각은 어떠니?'에서 그 생각은 지식, 정보라는 것이다. 어른들만 모르고 아이들은 알고 있다. 어른들이 묻는 '생각'에 자기 생각을 말하면 혼난다는 것과 '~대한 생각을 쓰시오' 같은 서술형 시험문제에 정말 자기 생각을 쓰면 틀린다는 것을 알고 있다. 아이들도 이에 익숙해지면서 지식과 정보가 자기 생각이라 착각한다. 초등기에 하는 생각력 키우기는 자기 생각과 정보를 구분하는 것이다.

'어떻게 생각력을 키워줄 것인가?'에 집중할 때는 보이지 않던 우리 생각력의 현실이었다. 그런데 '나는 생각하고 있는가?'에 집중하니 딸아이와 나의 생각력을 키우기 위해 무엇을 해야 할지 보였다.

우리 모녀 사이에는 30년이라는 시대 차이가 있지만 자기 생각하기에는 대동소이하다. 친구처럼 서로 격려하고 생각이 다름을 인정하며 함께할 수 있었다. 독토글에는 특별한 형식이 없지만, 단 하나의 형식이라 할 만한 것이 있다면 '하다'이다. 가장 훌륭한 방법은 행동하는 것이기 때문이다. 공부 잘하는 법, 독서하는 법, 글쓰기 잘하는 법, 면접 잘 보는 법, 말 잘하는 법, 자소서 잘 쓰는 법 등 다양한 방법을 배울 기회가 둘러보면 널려 있지만, 결국은 스스로 길을 내야 한다. 지식과 자기 생각을 구분하지 못하면 방법에 길든다. 자기 생각을 하기 시작한 후 전문가들의 방법을 참조하여 더 나은 자기만의 방법을 완성할 수 있다.

이 두 가지의 본질을 원칙으로 하는 생각의 글쓰기는 '생각샘'을 만드는 일이다. 내가 '자기 생각'을 하기 시작한 것은 생각의 글쓰기로 충분히 응축될 시간을 들인 후부터다. 독서로 지식(타인의 생각)을 쌓으면서 지식을 자기 생각으로 혼동했다. 독서량이 쌓이니 노트에 타인의 기막힌 생각, 공감되는 생각을 기록하고 싶었다. 기록은 기억을 붙들어둔다. 기억을 붙잡는 데 에너지를 쏟으면 자기 생각을 할 에너지가 약해진다.

그래서 나는 작가들의 생각을 필사하고 그에 대한 내 생각을 쓰기 시작했다. 처음에는 내 생각의 글보다 필사한 글이 더 많았다. 몇 년의 시간이 흐른 지금은 내 생각의 글이 더 많다. 나에게 독서는 자기 생각을 끌어올리는 마중물이다. 이와 같은 방법을 딸아이와 함께 초등기 6년간 지속해오고 있다. 딸의 생각 쓰기 노트에는 자신의 생각글보다 필사한 글이 월등히 많다. 필사한 글을 그대로 따라 써놓을 때도 있다. 물론 나는 6년 동안 단 한 번도 딸아이 생각을 재단하지 않았다. 생각 글쓰기의 목적은 매일 자기 생각을 하는 데 있기 때문이다.

매일 생각하면서 자기 생각을 스스로 키워 나아가야 한다. 엄마 역할은 자발적으로 하도록 동기부여 및 환경을 마련해주는 것이다.

첫째, 생각할 거리와 생각할 시간 주기다.

생각하기 위해서는 생각할 거리가 있어야 한다. 무엇에 관한 생각을 하는 것과 막연히 생각하는 것은 생각이 있고 없고의 차이다. 나는 생각할 거리로 고전을 선택했다. 고전을 선택한 이유는 미국 하버드대학교보다 노벨상 수상자를 더 많이 배출한 시카고대학교의 고전 읽기의 효과 때문이었다. 설립 초기 삼류에 불과하던 이 학교는 1929년 로버트 허친슨 총장 부임 후 고전 100권을 읽어야 졸업하는 제도를 도입하면서 명문 학교가 됐다. 시카고대학교의 사례는 고전 읽기에 강력한 동기부여가 되었다. 고전은 원전으로 읽으라는 전문가들의 의견이 있었지만 수준에 맞게 '어린이'를 위한 고전으로 시작했다. 어린이 고전을 읽어보니 보충 설명이나 일화가 있어서 이해하기 쉬웠다.

둘째, 생각에 자유를 허용하기다.

생각은 서로 다를 수 있고, 그래서 존중받아야 한다. 자기 생각 글쓰기는 생각하는 시간과 기회가 필요하기 때문이다. 나의 자녀교육은 지도가 없는 가르침이라 글자를 바르게 쓰기, 많이 쓰기, 시간 안에 쓰기 등을 하지 않았다. 생각은 비교 대상이 아니고, 지적의 대상도 아니다. 너와 나의 다른 생각들을 주고받으면서 자신의 생각을 키워가는 것이나. 다만 자기 생각에 갇히지 않도록 다른 사람의 생각을 들어야 하기 때문에 내가 다른 사람이 되어주었다. 초등학교 1, 2학년 때는 의도적으로 생각을 나누는 시간을 만들었지만, 습관이 든 후에는 일상이 되었다. 처음 시작한 책은 《어린이 사자소학》이다. 이 책을 두 권 구입했다.

하루에 한 편씩 읽고, 필사를 했다. 필사 내용은 예컨대 '부모출입 매필기립, 부모님이 대문을 드나드실 때는 반드시 일어서서 인사하라' 하는 식이다. 한자를 쓰게 하면 일석이조이겠지만, 지속성에 포커스를 맞췄기 때문에 한글로만 썼다. 그리고 그 아래 자기 생각을 썼다. 고학년이 되면서부터는 자기가 원하는 책으로 생각 글쓰기를 했다.

셋째, 20분 안에 하기다.

나는 가급적 하나의 학습을 20분 안에서 할 수 있게 했다. 간단하게 끝낼 수 있어야 재미가 붙는다. 어떤 날을 10분 안에 끝낼 수 있는 활동을 30분을 넘길 때도 있다. 엄마 눈에는 답답해 보여 소리 한번 질러주고 싶지만 참아내야 한다. 나도 하기 싫은 날이 있으니까. 하기 싫지만 책임을 다하려는 태도에 격려를 보내려 노력한다.

나는 고전을 읽은 마흔에서야 '내 인생을 어떻게 살아야 할 것인가?'에 대해 질문하기 시작했다. 그런데 딸아이는 초등학교 6학년, 사춘기를 맞이하여 '자기 인생을 어떻게 살아야 할까?'를 생각하느라 바빠서 방황할 시간을 줄였다.

←초4 때

초5 때→

←초6 때

중1 때→

    딸아이는 6년 동안 주말을 제외한 매일 하루 20분씩 고전 한 문단을 읽고 그에 대한 자기 생각 글쓰기를 했다.

    생각할 거리가 꼭 고전일 필요는 없다. 아이가 좋아하는 글이 가장 좋은 생각거리이기 때문이다.

    사탕(자기 생각)이 없는 아이들에게 사탕을 요구하지 말고, 사탕을 쥐어주지 말고, 자기 사탕을 스스로 탐구하고 상상하고 창조할 기회를 마련해주려는 마음으로 생각 글쓰기를 하게 했다. 딸아이는 오늘도 자기 생각과 지식을 구분하는 중이다.

# 논리적인 글쓰기

글은 누구든지 쓸 수 있지만, 누구나 글을 쓰지는 않는다. 모든 작가는 글을 쓰지만, 글쓰기가 쉽다고 하지 않는다. 아이들이 글쓰기를 어려워하는 것은 당연하다. 글쓰기가 쉽다는 아이들은 글의 재능을 타고난 것 아닐까. 나는 여섯 권째 책을 출간하는 작가이지만 여전히 글쓰기는 어렵다. 그럼에도 나는 글쓰기가 좋아서 매일 쓴다. 어릴 때부터 글쓰기가 좋았던 사람들을 빼고 우리나라 사람들의 글쓰기 시작은 시험 준비 때문이다. 입시 준비를 위한 아이들의 논술 쓰기, 취업을 위한 성인들의 입사 논술 쓰기가 글쓰기의 시작이며 끝이다. 우리 부모들이 글쓰기와 독서에 관심을 갖는 이유는 논술시험 때문일 것이다.

나는 글쓰기를 쉽게 하는 법은 몰라도 좋아하면 자발적으로 글쓰기를 한다는 걸 알고 있다. 하지만 주장과 논리가 있어야 하는 논리적인 글쓰기는 좋아서만 되는 글쓰기와 다르다.

논술시험이란 독서와 사색을 통해 형성된 비판력·논리력·사고력을 체계적으로 표현할 수 있는 능력을 평가하는 것이다. 논술은 자신의 주장을 제시하고 그 주장에 대한 근거를 댈 수 있어야 한다. 주장과 근거의 관계가 논리이다. 즉, 논술은 논리적인 서술이다.

피아제의 인지발달 이론에 따르면, 구체적 조작기(7세 ~12세)에 논리적 사고가 가능하다. 논리적 사고가 가능해지는 초등기 아이들에게 논리적 서술은 만만한 게 아니다. 논리적 사고가 가능한 시기를 훌쩍 넘은 마흔 중반의 나에게도 논리적 글쓰기는 어렵다. 회피의 글쓰기지 좋아하는 글쓰기는 아니다. 초등 글쓰기의 목적이 자기 글쓰기지만 대한민국 엄마이기에 논술시험을 대비하지 않을 수 없다.

글쓰기를 어려워하고 싫어하는 아이들에게 어려운 논리적 글쓰기를 어떻게 접근시킬까 고민하다 찾은 해결법은 피아제 인지발달 이론에 있었다. 아이들이 논리적 글쓰기 방법을 몰라서 어려운 게 아니다. 글의 구조와 짜임, 논리적 구성 등 초등기에 배워야 할 글쓰기의 모든 것은 국어 교과서에 있다. 구체적 조작기인 초등기는 논리적 사고가 완성된 게 아니라 가능해진 시기다. 직접적인 논리적 글쓰기는 즐거운 경험이 될 것 같지 않았다. 솔직히 고백하면 글쓰기를 좋아하고, 즐겁게, 자발적으로 하도록 도울 자신은 있으나 논리적 글쓰기를 좋아하게 할 자신은 없었다. 그래서 초등생 논리적 글쓰기는 논리적 글의 구성, 논리적 흐름에 익숙해지는 데 초점을 두었다.

논리적 구성에 익숙해지는 데 가장 좋은 방법은 독서다. 독서량이 축적된 딸아이는 자신이 좋아하는 작가 히가시노 게이고, 빅토르 위고, 조정래의 책을 읽고 자기 나름대로 글의 구성을 파악하면서 비교했다. 글쓰기 수업이나 독서논술 수업을 한 번도 들은 적이 없다. 책을 많이 읽은 결과일 뿐이다. 독서할 때 글의 구성을 자세히 살피라는 지도조차 없었다. 책을 많이 읽다 보면 자연스럽게 글의 구성을 파악하게 된다. 논리가 탄탄한 책, 좋은 책을 굳이 찾을 필요 없다. 아이가 좋아하는 책, 재미있게 읽는 책이 좋은 책이다.

아이들이 마르고 닳도록 본다는 《해리 포터》 시리즈도 딸아이에게는 때가 있었다. 세계적인 베스트셀러는 꼭 읽히고 싶은 마음에 이 작품을 권했지만 아이는 무섭다고 읽기를 거부했다. 영화를 먼저 보여주면 흥미가 생기지 않을까 했지만 여전히 무섭다고 했다. 그때는 강요하지 않았지만 엄마의 욕심은 포기를 모른다. 그 이후부터 조앤 롤링의 이야기를 수시로 들려주었다. 조앤 롤링에 관한 동화도 읽었지만 《해리 포터》는 읽으려 하지 않았다. 고학년이 되자 《해리 포터》를 슬쩍 권해보았다. 1, 2권을 재미있게 읽더니 관심이 사그라졌다. 중학교 1학년, 코로나19로 격리된 일주일 동안 영화 전편을 보더니 《해리 포터》를 읽고 싶어 했다.

꼭 논리적 구성이 탄탄한 책이 아니더라도 책마다 작가의 주장이 있고 주장을 뒷받침하는 이야기가 있다. 논리적 흐름을 다양한 글에서 자연스럽게 느껴보는 게 중요하다. 좋아하는 책이 다양한 분야로 확장될 때가 있다. 아이들마다 시기가 다르지만 한 분야에만 머무르는 독서란 없다. 좋아하는 책 읽기에서 신문 읽기로 확장하면 더없이 좋다. 논리 구조에 익숙해질 수 있기 때문이다.

논리적 글은 신문만 한 게 없다. 좋아하는 책과 어린이 신문 읽기 정도면 충분한 읽기다. 독서로 논리적 구성에 익숙해지면서 논리적 글쓰기의 핵심 요소인 주장과 논리를 보충하면 된다. 하고 싶은 이야기를 논리적으로 써 내려가기만 하면 된다. 아이들에게 현실적인 문제점은 하고 싶은 이야기가 없고, 논리가 없다는 것이다. 초등기에 해당하는 구체적 조작기에는 논리적 글쓰기 형식에 맞춘 글쓰기 연습보다 주장과 논리, 논리적 구성에 익숙해지는 연습으로 쉽게 접근한다. 피아제의 인지발달 이론의 최종 단계인 형식적 조작기(청소년 이후)에는 추상적인 사상이나 개념에 대해서도 논리적이고, 체계적이고, 연역적으로 사고할 수 있다.

구체적 조작기에 준비해놓으면 형식적 조작기에는 논리적 구성에 따라 술술 써 내려가게 된다. 대입시험이나 입사시험의 논술은 그때 가서 그 요구에 맞게 형식을 다듬으면 될 일이다. 자기 주장과 논리가 없는 게 문제다. 초등기 논리적 글쓰기란 결국 자기 주장과 논리 다지기다.

첫째, 의견을 묻는다.

일상생활의 선택권 외에 시사적인 문제를 물어 자기 의견을 말할 수 있게 한다. 예를 들면 이런 식이다.

"초등학생에게는 시험이 꼭 필요하다고 생각하니?"

"13세 이하 스마트폰 사용금지법에 대해 어떻게 생각하니?"

"청소년 백신접종이 코로나로부터 자기를 안전하게 지키는 최선의 방법일까?"

"촉법소년의 연령을 낮추는 것을 어떻게 생각하니?"

부모가 의도적으로 의견을 묻지 않으면 자기 의견을 말할 기회가 없다. 학교, 학원, 교육기관 어느 곳에서 시사적인 문제에 자기 주장을 말할 수 있을까. 면접시험 준비를 하는 사람도 전문가의 코칭을 받은 의견을 자기 입으로 말하기 연습을 하는 정도다.

초등기에 의견을 물어주면 자연스럽게 사회적 현상에 자기 의견이 생긴다. 자기 주장이 있어야 그걸 뒷받침하는 논리가 따른다.

둘째, 논리를 묻는다.

자기 의견을 뒷받침하는 논리를 물어준다. 의견(주장)을 말하면 "왜 그렇게 생각했니?"라고 물어준다. 아이는 "왜냐하면" 하면서 자기 논리를 펼친다. 초등기에는 자기 논리를 펼치면 그걸로 족하다. 사실 초등기의 자기 논리는 이치에 맞지 않고, 비논리적일 때가 많다. 자기 논리를 말할 기회를 주면 점점 논리적 근거를 마련하려는 생각 습관이 생긴다. '왜냐하면'을 꾸준히 물어주면 스스로 '왜 그렇지?' 하는 의문이 생기고 자연히 논리를 찾게 된다.

셋째, 논리적 대화법을 사용한다.

자녀의 행동 변화를 원할 때 부모의 일방적인 지시, 명령, 보상보다 논리적 대화가 더 효과적이다. "책 읽자. 책 한 권 읽으면 오백 원 줄게. 7시부터 8시까지 가족 독서 시간, 알았지?" 하는 식의 외부 통제로 일시적인 행동을 유도할 수는 있다. 일시적인 행동에 재미를 느끼면 운좋게 습관이 될 수도 있다. 하지만 더 좋은 건 "책은 매일 읽어야 해. 왜냐하면 인간이 몸의 건강을 위해 매일 밥 먹듯이 영혼의 건강을 위해 매일 밥을 먹어야 하니까. 영혼의 밥은 책이거든" 하는 식이다. 이러한 부모 의견과 논리는 내부 통제로 자발적 행동 변화를 이끌어낼 수 있다. 부모 자녀 간의 논리적 대화는 자기 논리에서 빨리 벗어나게 해준다. 논리적 대화는 부모의 의견과 논리가 뒷받침되어야 가능하다.

# 창조적인 글쓰기

교육자인 나에게 창조와 창의는 친밀한 단어다. 1994년 유아교육과에 입학했을 때부터 2022년 부모교육 강사를 하고 있는 지금까지 교육에서 중요하게 다루어지고 있는 단어다. 유아교육 전공서에도 창의성의 중요성을 다룬다. 유아교육 현장에서도 교육 과정을 편성할 때 창의성을 중점교육으로 둔다. 부모교육 강사로 활동하는 지금 인공지능 시대를 살기 위해 창의성의 절실함을 강조한다.

시대가 변해도 여전히 중시되는 창의성 중점교육을 내 아이에게 하려다 보니 그동안 창의성의 중요성만 강조했다는 것을 깨달았다. 창의는 새로운 의견을 생각해냄을 뜻하고 창조는 없던 것을 처음으로 만듦을 뜻한다. 창의와 창조의 공통분모는 '새로움'이다. 인공지능 시대에는 창의성, 창조성이 절실하지만 아이러니하게도 AI가 정해주는 최적의 경로로 안내하는 삶에 익숙해진다. 스스로에게 질문하지 않아도, 스스로 분석하고 찾지 않아도 알고리즘의 클릭이 자기 선택이라 착각하면서 점점 창의와 창조에서 멀어진다. 아이들은 예측 불가능한, 가보지 않은 인생길을 가야 한다.

아무도 예기치 않은 코로나 펜데믹에 방역과 백신수급 등 대처에만 급급한 나라가 있고, 대처와 동시에 이미 그 너머의 길을 새롭게 만들어가는 나라가 있다. 부모도 마찬가지다. 자녀의 학습결손을 대처하기 급급한 부모가 있고 그 너머의 길을 새롭게 만들어가도록 돕는 부모가 있다. 자기 대처나 새로운 무엇도 안 하고 나라의 대처를 탓하며 자율성을 포기하고 무기력해지기도 한다.

'내 아이에게 어떻게 새로운 것을 생각해내고 만들어내게 할 것인가?'

이 물음에 새로운 길을 두려워하며 정해진 길을 가고 있는 '나'를 마주한다. 창의, 창조와 먼 길을 가고 있는 내가 글쓰기 공간에서만큼은 새로움을 두려워하지 않고 즐긴다. 글쓰기는 자율성을 온전히 허용하는 창조의 공간이다. 글쓰기는 생각을 통제하지 않는 자극과 반응의 학습이다. 글을 쓰면 의도하지 않았고 예측하지 못했던 새로운 도착지에 이른다. 글을 쓸 때는 자율성을 마음껏 즐길 수 있다.

초등기 아이들의 창조적 글쓰기 목적은 두 가지다. 하나는 따뜻한 시선으로 자신을 포함한 인간 존재를 성찰하기다. 통제받지 않는 자율적인 글쓰기를 통해서 스스로를 깨우칠 수 있을 뿐 아니라 인간의 삶, 존재 이유를 탐구하게 된다.

또 하나는 자기 의미 부여하기다. 초등기 아이들에게 이걸 부여한다면 그걸로 충분하다. 창의성의 중요성을 인식하고 있는 교육자인 나도 글쓰기 전에는 자기 의미를 부여하지 못했다. 자기 의미를 부여하면서 소소한 창조가 시작되었고, 생각이 새롭게 피어올랐다.

나 또한 따로 글쓰기를 지도한 적이 없다. 글쓰기에도 자율성을 중시했고 즐겁게 글을 쓸 수 있도록 환경만 만들어주었다. 문학의 대가들이 글쓰기 방법으로 '삼다(三多)'를 말한다. 삼다는 '다독(多讀, 많이 읽기)', '다작(多作, 많이 쓰기)', '다상량(多商量, 많이 의견 나누기)'이다. 지도하지 않았어도 삼다의 원리가 적용되었다. 딸아이는 로맨스소설을 많이 읽었을 때 자기 나름의 로맨스 이야기를 창조하는 글을 몇 개월 동안 썼다(딸아이의 비공개 글이다). 추리소설을 많이 읽었을 때는 죽음과 전쟁에 대해 자기 의미를 창조했다. 어느 날 이동하는 차 안에서 문득 바다에서 죽음을 표현해보고 싶어서 쓴 글이란다.

> 저 눈앞에 일렁이다 이내 아득히 멀어져갔다. 넓은 하늘을 뒤로하고 출렁이는 파도에 휩쓸려 가라앉은 자는 자신이 서서히 부패되어감을 알았다. 마지막 숨을 포기했을 때 고요한 바다는 수면 아래 그의 육신을 품었다.

다음은 초등학교 4학년 때 자기 블로그에 전쟁으로 죽음을 표현하고 싶어서 쓴 글이다.

이른 새벽이었다.
해가 산에 걸쳐져 있었다.
나는 산 속에 숨었을 지도 모르는 적들을 죽이기 위해 산으로 들어갔다.
한참을 뒤지다가 어린 아이 둘을 보았다.
하나는 여자아이고 대략 7~8살 정도 돼 보였다.
또 하나는 남자아이였고 여자 아이 보다 어려 보였다.
전쟁터에서 한 소녀를 보았다.
전쟁터에서 두명의 민간인을 보았다.
소녀는 너덜너덜 해진 옷을 입고, 검은 머리카락은 엉켜있었다.
나는 소녀의 마른 손을 꼭 쥐고 있는 작은 손을 쳐다보았다.
작은 꼬마가 소녀의 손을 꼭 쥐고 치마 뒤에 숨어있었다.
전쟁으로 부모를 잃어버린 듯 했다.
내 생각을 알아차린 걸까? 소녀가 말했다.
'얘는 1년 전에 어머니를 잃고 이번 전쟁에서 아버지를 잃었어요. 나는 이번 전쟁에서 부모님 두 분을 잃었구요'
그닥 슬프지도 않았다.

죽음은 군인에게 당연한 것 이였다.
감정 없이 내 뭉이던 주먹밥을 빈손에 쥐어주곤 다시 수색하려고 일어났다.
조심스럽게 나무 뒤에 숨어가며 살피다가 뒤를 돌아보았다.
소녀와 꼬마가 뒤 따라 오고 있었다.
무서워서 그런 것이라 생각하고, 말없이 수색을 이어뒀다.
갑자기 총성이 울렸다.
아마 기슴을 막기 위해 배치해둔 것 같았다.
재빨리 가까운 나무 뒤로 몸을 숨겼다.
그리고 낮은 목소리로 소녀에게 말했다.
"다치니까 숨어있어!"
소녀는 높이 자란 풀 아래 앉아서 조용조용히 말했다.
"아저씨 싸우는 게 좋은 걸까요? 왜 싸우는 거죠?"
왜 싸우는지 한 번도 생각해 본 적 없다.
그냥 위에서 시키니까,
살기 위해서 하는 거였나?
소녀가 계속 말했다.

"우리 아버지가 전쟁터로 떠나면서 말을 하셨어요. 세상에서 가장 강한 사람은 싸우지 않고 평화를 유지시킬 수 있는 사람이래요. 그리고..."
소녀는 말을 잊지 못했다.
잠시 노출 된 사이 나에게로 날아온 총알을 몸으로 막아냈기 때문이었다.
순식간이었다.
소녀의 어깨로 붉은 피가 흘러나왔다.
검붉은 피는 옷을 빨갛게 물들였다.
꼬마는 빨간 치마를 놀란 토끼 눈으로 쳐다보았다.
소녀는 비명하나 안 지르고 이어 말했다.
"그리고 세상에서 가장 아름다운 사람은 아름다운 죽음을 맞이하는 사람이래요."
소녀는 버티기 힘든 듯 얼굴을 찡그렸다.
다량의 피가 몸 밖으로 나오면 죽는다.
다행히 주머니에 손수건이 있었다.
천으로 지혈을 하고 조심스럽게 눌러주었다.
"아름다운 죽음은 무엇일까요?"
소녀의 건강상태는 좋지 않았다.

아마 음식도 못 먹고, 씻지 못해 피부병도 있을 것이었다.

그리고 마음을 가득메운 화약 가루가 기도에 잔뜩 들어가 있을 것이다.

피는 계속 흘러 나왔다.

어서 내려가 치료를 해야 했지만 적들의 위치는 예매모호했고, 여자아이를 업고, 어린 남자아이의 손을 잡고 내려가는 것은 위험하고 어려운 일 이었다.

해가 뜨면 적들은 산을 내려 갈 것이었다.

오늘 해가 뜨면 적들의 기습이 있을 것이라는 정보가 들어왔기 때문이었다.

소녀의 숨소리가 낮아지기 시작했다.

소녀가 마지막으로 작게 말했다.

"아저씨 저는 죽더라도 아름다운 죽음을 맞이하고 싶어요. 지금이라도 늦지 않았어요. 지금부터 아름다운 죽음을 위해 걸어가면 돼요"

한동안 힘겹게 숨을 쉬던 소녀는 이내 숨을 거두었다.

꼬마가 무슨 일이냐는 듯 호기심어린 눈동자로 나와 소녀를 번갈아보았다.

그러다가 상황이 좋지 않음을 감지하고 체온이 조금 낮아진 소녀의 손을 다시 꼭 쥐었다.

동료들이 죽어나가도, 부모님이 죽어도 않나오던 눈물이 나왔다.

끊임없이 흘러내렸다.

소녀가 한 말이 내가 제일 듣고 싶은 말이었을 지도 모른다.

하지만 내가 정말 늦지 않을 걸까? 하는 의문이 들었다.

생각은 꼬리를 물고 이어져 왜 싸워야 하는지 또 다른 의문이 생겼다.

어쩌면 내가 죽인 적들도 누군가의 가족이 아닐까하는 생각에 잠자던 잠든 댐 없어진 강처럼 흘러나왔다.

꼬마는 소녀의 시체를 가만가만 지켜보고 있었다.

해가 산의 반 정도까지 들 때 까지 의문은 더욱더 늘어났고 혼란스러워 지기 시작했다.

다시 총성이 울렸다.

혼란스러웠지만 정신을 차리고 꼬마를 얼고 급히 얼고 도망쳐 나왔다.

무사히 산을 내려왔지만 본부로 돌아가지 않고 방향을 틀어 걸었다.

그리고 일출이 시작되는 쪽을 향해 걸었다.

없었 꼬마가 처음으로 말했다.

"연화가 지난 일은 후회하지 말랬어. 이제 시작이니까."

그 소녀의 이름이 연화였나 보다.

연화는 소원대로 아름다운 죽음을 맞이했다.

나도 아직 젊은 20대였다.

그러니까 아름다운 죽음을 위해 다시 시작할 수 있었다.

젊은 시간 이었지만 연화는 이름처럼 평화로운 것을 좋아했다는 걸 알 수 있었다.

그 아이처럼 후회 없이 살다가 죽을 때가 돼 면 한 없이 가련다.

창조적인 글쓰기는 인간을 둘러싼 모든 것으로부터 자기의 의미를 부여하는 글쓰기다. 죽음에 대해 읽었고 죽음을 알기 위해 탐구(질문)했고 자기 의미를 부여하여 바다에서의 죽음을 글로 창조해냈다. 이런 식의 단순한 원리가 창조적인 글쓰기다. 세계를 변화시킬 만큼 과학적 발견의 창조도 씨앗부터 싹을 틔워야 한다. 초등기의 창조는 탐구를 위한 자기 질문에 자기 의미를 부여하는 기쁨이면 충분하다. 다양한 방법으로 창조의 기쁨을 느끼지만 다빈치가 모든 것을 기록하는 것처럼 그걸 글로 기록하고 자기 의미를 새롭게 부여하면 그것이 창조다.

1917년, 마르셀 뒤샹이 남자 소변기를 뒤집어 엎어놓고 '샘'이라는 이름을 붙여 세상에 내놓으며 미술계의 시각을 발칵 뒤집어놓았다. 기성품도 다른 곳으로 옮기넌 본래의 목적성이 상실되고 새로운 의미가 부여된다는 것이다.

2022년, 프랑스 명품 브랜드 '발렌시아가'가 해지고 구멍까지 뚫려 얼핏 보기엔 버리기 일보 직전의 신발로 보이는 '파리 스니커즈' 를 한 켤레에 80만 원 호가하는 신상품으로 내놓았다.

새로운 세상을 창조하는 것은 혁신이고, 새로운 의미를 부여하는 것은 창조다. 초등기에는 따듯한 시선으로 자기 의미를 부여하는 것만으로도 충분하다.

첫째, 표현하고 싶은 욕구를 살린다.

인간에게 자아 표현의 욕구는 본능이다. 거세시키지 않는 한 언제나 표현하고 싶어 한다. 표현의 통로는 신체(대근육에서 소근육)로부터의 말과 글이다. 영유아기 아이들은 놀이가 밥이다. 신체를 자유롭게 움직이는 것이 표현의 욕구라서다. 초등기에는 몸의 표현이 줄고 말과 글로 자유롭게 자아 표현을 하려 한다. 어른들이 거세시키지 않는다면 말이다. 자율성의 거세는 무기력이다. 자아 표현의 욕구 본능을 자유롭게 도와준다.

둘째, 의미를 묻는다.

의미 부여는 새로운 자기 시선이다. 마르셀 뒤샹의 '샘'과 발렌시아가의 파리 스니커즈처럼 새로운 의미가 곧 창조다. 아이들에게 자주 의미를 묻는다. 자기가 좋아하는 물건, 사람, 예술 등에 부여하는 자기 의미를 물어준다. 의미를 물어주는 것은 자기 시선을 갖게 하는 것이다. 때로는 엄마의 의미도 들려준다. "엄마에게 콩국수는 가난했던 시절의 사랑을 의미해. 외할머니는 말이지" 하며 엄마의 유년 시절 추억을 들려주기도 한다.

어느 날 사과를 먹다가 딸아이에게 "너한테 사과는 어떤 의미니?"라고 물었나. 딸아이는 "그냥 사과인데요"라고 했다. 엄마에게 사과, 뉴턴에게 사과, 스티브 잡스에게 사과, 애벌레에게 사과, 세산에게 사과, 일본 아오모리현 농장주에게 사과 의미를 재미있는 놀이처럼 열거하며 짧게 들려주었다.

셋째, 5분 전력 글쓰기를 유도한다.

글쓰기 치료기법으로 5분이라는 짧은 시간에 내심 떠오르는 것 무엇이든 쓰면 된다. 정해진 시간을 반드시 지켜야 하고, 5분간 절대로 멈추면 안 된다. 이것은 저항을 최소화하여 억압되어 있거나 감추어진 깊은 정서를 드러낼 수 있게 한다.

나는 딸아이에게 5분 전력 글쓰기를 한 적이 없다. 말했듯이 글쓰기는 표현의 욕구 수단이라서다. 자기 필요에 의해 자발적으로 하는 정도라 따로 무엇을 할 필요를 느끼지 않는다. 그 이상의 필요는 자기가 해 나갈 일이다. 5분 전력 글쓰기는 내가 하고 있고 효과가 있기에 소개한다. 내가 매일 하는 방법은 좋은 글을 필사하는 것이다. 《판매의 신》을 예로 들면 이렇다.

'나무가 목재로 쓰이려면 시궁창에서 삼 년을 썩어야 하고 거기서 성한 것만 골라내어 흐르는 물에 삼 년을 견뎌야 한다. 그것을 견디지 못한 나무는 추려낸다. 그 과정을 이겨낸 나무는 또 그늘에서 삼 년을 바람에 견뎌야만 비로소 목재로 쓰인다. 쓰임새 있는 나무처럼 사람도 끈질기고 집요함 가운데 성장한다.'

필사한 글 중 마음이 원하는 단어를 선택한다. 그날 마음이 '쓰임'을 선택했다면 나의 쓰임에 대해 전력으로 쓴다. 5분 전력 글쓰기는 깊은 정서를 드러내는 치유이면서 새로운 의미를 만들어내기도 한다.

아이들에게는 단어카드 중 하나를 골라 그에 대해 5분 전력 글쓰기를 해봐도 좋다.

# 노트 정리 글쓰기

학생들에게 노트 정리는 중요하다. 나는 글쓰기 마지막 단계로 노트 정리를 하도록 도왔다. 딸아이는 노트 정리도 즐겁게, 자발적으로 하는데, 이로써 내가 해야 할 글쓰기 동기부여는 끝났다. 나는 내 글쓰기에만 집중하고 있다.

노트 정리를 마지막 단계로 둔 것은 손글씨 쓰는 맛을 담뿍 느끼면 글쓰기가 아닌, 공부에 가까운 노트 정리가 쉬워지기 때문이다. 손끝으로 생각을 길러내고 마음을 길러내는 촉감을 알면 글쓰기를 멈출 수 없다. 그 이후부터는 손이 저절로 움직인다. 손에는 볼펜이 들려 있고 적을 노트가 있어야 편안하다. 이 수준은 좋아함을 넘어 중독 수준이다. 글쓰기 중독자로 살아보니 괜찮은 중독이다. 그래서 생각과 마음에 가뭄이 드는 요즘 아이들에게 권하고 싶다.

노트 정리 글쓰기는 학습 태도와 직접 연결된다. 딸아이를 통해 살

퍼본 노트 정리의 효과는 수업 집중력 향상, 핵심 요약력 향상, 반복 학습으로 기억력 향상, 바른 글쓰기다. 이를 구체적으로 살펴보자.

첫 번째, 수업 집중력 향상이다. 딸아이는 노트 정리 글쓰기를 하기 전 5년 동안 담임 선생님으로부터 수업 시간에 집중하지 않는다는 피드백을 받았다. 수업 시간에 종이접기를 하거나 그림 그리기를 하거나 책 읽기를 한다고 했다. 부모에게 '자녀가 수업 시간에 집중하지 못한다'는 피드백은 큰 걱정거리다. 5년 동안 수업 시간에 집중하는 태도와 중요성을 간과한 적은 없지만, 딸아이 수업 태도는 달라지지 않았다. 딸아이 이유는 분명했다. 선생님들의 말씀이 너무 많아 듣기 힘들고 수업이 지루했기 때문이란다. 어느 날에는 선생님의 잔소리가 화장실 갈 시간도 없이 두 시수에 거쳐 이어지는 날도 있단다. 지루한 수업 시간을 재미있게 즐기는 자기만의 방법이라는 딸아이를 5년 동안 지켜보기란 힘든 일이다.

우리나라처럼 주입식 교육 환경에서 수업 시간을 능동적으로 참여하는 가장 좋은 방법은 노트 정리다. 노트 정리를 한 후부터 수업 시간을 기다린다. 수업 시간이 재미있단다. 초등기 6년 중 노트 정리를 한 6학년 1년 동안 수업 집중을 아주 잘한다는 선생님의 피드백을 받았다.

두 번째, 핵심 요약력 향상이다. 딸아이는 핵심 정리 글쓰기를 할 줄 알지만 노트 정리를 하는 처음에는 수업 내용을 거르지 않고 받아 적느라 내용을 놓치게 된다며 웃어 보였다. 노트 정리를 직접 해보면서 잘못된 부분을 스스로 수정해갔다. 노트 정리 2년 차인 지금은 '선생님의 말씀에 중요한 내용을 파악해서 핵심 단어, 핵심 문장을 뽑아내는 방식으로 빠르게 기록'해야 한단다.

세 번째, 기억력 향상이다. 에빙하우스의 망각곡선 의하면 학습한 바로 직후에 망각이 매우 급격하게 일어난다고 한다. 따라서 오래도록 기억하려면 반복 학습이 효과적이라는 것이다. 노트 정리의 글쓰기는 단기기억을 장기기억으로 전환하는 데 필요한 공부법이다. 수업 시간에 기억해야 할 중요 내용을 기록해두지 않으면 다음 시간 수업을 들으면서 그 이전의 내용을 잊게 된다. 수업 시간에 노트 정리를 해두어야 기억을 살려 반복 학습을 하며 장기기억으로 전환할 수 있다. 노트 정리를 한 수업은 내용을 명확히 설명해준다. 노트 정리로 설명하면서 반복하게 되니 기억력이 향상된다.

네 번째, 바른 글쓰기다. 글자 바르게 쓰기, 획순에 맞게 쓰기조차 지도한 적이 없어서 딸아이의 글씨체는 못 알아볼 정도였다. ㅁ과 ㅇ, ㄷ과 ㄹ, ㅂ과 ㅁ, ㅅ과 ㅈ이 구분되지 않았다. 글씨체는 그 사람의 정신 상태라는 친정 아빠의 가르침을 딸에게 들려줘도 소용없었다. 노트 정리를 한 후부터는 바른 글씨체, 예쁜 글씨체, 멋내기 글씨체 연습을 하면서 자신만의 글씨체를 반듯하게 하고 있다.

처음부터 모든 수업 내용을 노트에 정리하지는 않았다. 좋아하는 과학만 노트 정리를 했다. 노트 정리를 하다 보니 교과서에 바로 정리하는 방법이 효율적이라는 생각이 들었다고 한다. 노트 정리와 교과서 정리를 오가는 중이다. 노트 정리 글쓰기를 한 후에는 스터디 플래너를 쓰기 시작했다.

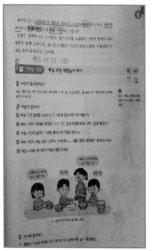

첫째, 노트 정리의 효과 소문내기다.

6학년에 노트 정리 글쓰기 시작을 위해 5학년 때부터 소문내듯 흘려 줬다. 공부에 관련한 것은 아무리 좋은 방법이라도 엄마가 알려주면 싫어하는 경향이 있다. 재미있는 소문을 퍼뜨리듯이 한다. 아이들도 은근히 소문에 관심을 갖는다.

"와! 빅뉴스, 오늘 엄마가 따끈따끈한 비밀정보를 입수했어."

딸아이는 무슨 소문인가 하고 관심을 보인다. "이건 진짜 고급 정보야" 하며 뜸 한번 들이고 말한다.

"공부 잘하는 사람들의 공통점은 수업 시간에 노트 필기를 한다는 사실!"

듣고 있던 딸아이는 소문이 약하다는 듯 "난 또 뭐 대단한 거라고" 하며 사라진다. 소문 흘리기 성공이다. 같은 소문에 반복 노출은 관심을 끌어낸다. 어느 날은 또 이렇게 군불을 땐다.

"다빈치의 천재성 비밀이 뭔지 아니? 근데 이 비밀 진짜일까?"

그러면 아이 쪽에서 급해진다.

"뭐예요? 과학, 수학?"

"바로바로 노트라는 사실!"

이런 식으로 나는 노트 쓰기에 관련한 소문을 1년 동안 흘려주었다.

아이 자신도 모르게 노트 정리가 특별한 비밀이라 인식하게 되었고 6학년이 되어서 "6학년, 최고 형님이 되었으니 노트 정리 글쓰기 해야지" 했다. 나는 마땅히 해야 하는 것처럼 코넬식 노트를 건네주었다.

내 역할은 여기까지였고, 노트 정리 글쓰기의 모든 것은 딸아이 몫이
되었다.

둘째, 문구점 쇼핑 맛 들이기다.

문구류는 자기에게 맞는 것들이 있다. 직접 골라 쓰는 즐거움이 소소
하다. 인터넷으로 주문하면 편리하지만, 편리가 행복을 침범할 때도 있
다. 집에서 대형문구점까지 도보 30분 거리다. 처음 몇 번은 길을 익히
기 위해 함께 가주었고, 그다음부터는 혼자서 혹은 친구들과 문구점 쇼
핑을 즐긴다.

셋째, 동기부여 연구하기다.

부모 공부는 동기부여다. 나는 노트 정리 글쓰기 동기부여를 5년간
했다. 글쓰기 손맛이 숙성되는 4년, 노트 쓰기 소문 흘리기 1년을 했다.
공부 잘하는 사람들은 노트 정리를 잘한다는 정보를 백신주사 놓듯 한
방으로 해결하려 하지 않았다. 사람은 '동기'가 있을 때 자발적인 주체
가 된다. 노트 정리 글쓰기에 동기를 부여한 딸아이는 유튜브로 노트
정리 방법과 좋은 필기류 리뷰 등을 찾아보고, 직접 필기류를 구입해
써보면서 자기만의 노트 정리 방식을 만들어가고 있다.

# 왜 글쓰기 지도 방법이 없을까?

글쓰기를 잘하는 최고의 방법은 글쓰기다. 이는 명명백백한 사실이다. 자발적으로 글쓰기를 하면 방법은 주도적으로 터득된다. 글쓰기의 최고 지도법은 자발적으로 글쓰기를 할 수 있도록 동기를 부여하는 것이다. 누구나 쉽게 할 수 있고, 매일 할 수 있는 글쓰기는 일기 쓰기다. 일기 쓰기를 하는 것은 특별한 기술이나 방법, 동기부여 없이 가능하다. 숟가락질할 때부터 스스로 밥 먹듯 연필을 쥐고 글을 쓸 수 있을 때부터 하면 된다. 노벨 문학상 수상자나 대문호들 중 글쓰기 지도를 받아서 글을 잘 쓸 수 있게 되었다는 말은 못 들어봤다. 더구나 내 아이의 글쓰기 목적은 글 재능을 키워 작가를 만들려는 것도 문학상을 받게 하려는 것도 아니다. 매일 글을 쓸 수 있도록 하는 일기 쓰기면 충분하다고 생각했지만, 약간의 욕심을 부려 생각 쓰기도 함께하도록 했다.

주말을 제외하고 거의 매일 쓰는 것은 일기 쓰기와 생각 쓰기다. 매일 글쓰기가 일상이 된 후에는 다양한 글쓰기가 가능해진다. 나는 글쓰기 지도 방법을 연구하지 않아서 모를뿐더러 나도, 아이도 시간이 없다. 학교 다녀와서 아이의 최고 중요 과제인 자유 놀이 시간을 조금 가진 뒤 공부하고 독서 조금 하기도 바쁜 만큼 글쓰기 시간을 내어 지도할 수 없다. 독토글을 많이 하는 나라들이 그것만 한다고 착각하면 안 된다. 세계 모든 아이가 구구단과 수학 공식을 암기하는 공부를 한다. 독서율이 높은 나라들은 문학 작품을 이해하는 공부도 함께한다는 차이가 있다. 지도 방법이 잘못되었다거나 효과가 없다는 것이 아니다. 아이들 연령에 따른 발달 과업이 있고 누려야 할 권리가 있다. 이에 맞게 엄마가 할 수 있는 만큼만 하다 보니 글쓰기뿐만 아니라 학습마저도 지도가 없다. 아이만 있을 뿐이다.

우리나라 아이들의 보편적인 첫 글쓰기는 독서 노트다. 나는 독서 노트조차 쓰기를 지도하지 않았다. 독서 노트 쓰기 지도법대로 한다면 결과는 뻔하다. 독서마저 하기 싫어질 것이다. 책을 재미있게 읽었을 뿐인데 가상의 주인공에게 편지를 쓰라 하고, 작가의 의도를 쓰라 하고, 줄거리를 쓰라 하니 독서가 하고 싶어질까. 어린이의 독서는 부담 없고 재미있는 읽기여야 한다. 너무 성급하게 독서로 모든 역량을 키우려 하는 건 욕심이다.

독서가 무르익었을 때 좋은 글들을 만나면 붙들어두고 싶다. 헤어지고 싶지 않은 문장들이 있다. 가슴에 품고 두고두고 생각하며 그 글처럼 살고 싶은 문장들이 있다. 작가의 삶이 궁금해지고 작가가 쓴 책을 다 읽고 싶어진다. 영혼 없이 독서 노트 몇 줄 쓰는 것보다 작가의 영혼을 느끼는 게 자기 삶에 더 큰 영향을 준다. 책 읽는 행위 자체가 즐거움이고 기쁨이고 행복이어야 한다. 독서 노트 쓰기가 쾌락이라면 마다 할 이유는 없다. 독서가 쾌락이면 지도하지 않아도 독서하는 것처럼 독서 노트 쓰기도 마찬가지다. 나는 독서와 글쓰기가 쾌락이 되도록 동기부여해주는 게 목적이었기에 특별한 지도, 방법을 적용하지 않았다. 자기에게 쾌락이면 행위에 자발적인 주체자가 되어 자기 방식대로 만들어간다.

나는 독서 노트 쓰기 강요 대신 기념관을 찾는다. 읽고 싶고, 쓰고 싶게 영혼을 깨우는 일이라 생각하기 때문이다. 우리 모녀는 《강아지똥》, 《몽실 언니》의 작가 권정생 생가를 다녀왔다. 《토지》를 읽고 원주에 있는 박경리 작가 기념관, 생가와 통영에 있는 기념관을 다녀왔다. 오죽헌에 들러 이이의 《격몽요결》을 구입했다. 현장 강연을 통해 시인과 작가를 직접 만날 기회를 만들어줬다. 이것이 지도라면 지도일 수 있겠다. 지도와 방법을 좋아하는 우리나라 부모들이 혹여 작가의 영혼을 만나는 일에도 방법을 구해 묻는다면 이에 답할 말은 없다.

나는 그냥 그 순간을 즐길 뿐이다. 기념관에서 기록을 하는 행위, 선생님 지도 아래 둘러앉아 토론하는 행위를 보면 숨이 턱 막히는 사람이다. 내가 그런 사람이라 아이에게 지도할 마음을 두지 않는다. 독서 노트 쓰기를 지도하지 않았는데 아이는 하고 있다. 6학년 2학기 때 독서 노트를 쓰고 싶다며 유튜브로 방법을 찾아 공부한 뒤 쓰고 있다. 요즘은 독서 노트를 쓰려고 책을 읽는단다.

나는 읽고 쓰면서 충만하고, 행복하고, 축복받은 삶을 누리고 있는 중이다. 완전한 전업 작가는 아니지만 쓰기가 좋아서 매일 쓴다. 매일 '나'를 쓰면서 점점 내가 좋아지고 내 삶이 좋아지는 것을 즐기는 중이다. 지금 우리가 직면하고 있는 코로나 펜데믹, 러시아와 우크라이나의 전쟁 사태는 심각하다. 읽고 쓰기는 내가 통제할 수 없는 세계 문제, 우울하고 심각할 수 있는 현실 문제로부터 나를 지키며 할 수 있는 것들을 하며 살아갈 힘이 되어준다. 딸아이도 자기를 행복하게 하는 도구 하나 가지고 살길 바란다. 그 도구를 찾는 데 읽고 쓰기가 도움을 주리라 믿는다. 지도와 방법은 스스로 찾아야 한다.

자녀에게 맞는 글쓰기를 하나 선택해 꾸준히 해보게 해야 한다. 글쓰기 종류는 한정되어 있지만 지도 방법은 다양하다. 그중에서 자녀 성향과 환경에 맞는 것을 하나 골라 도전하게 한다. 자녀가 거부 없이 받아들이고 재미있어하면 꾸준히 하도록 격려한다. 욕심내면 글쓰기를 하다가 체하게 마련이다.

손글씨 쓰기에 재미를 붙이면 무엇이라도 쓰고 싶어진다. 그때 하나씩 환경을 만들어주면 좋다. 글을 쓰는 행위 자체가 최고의 글쓰기 방법이다.

# Epilogue
## 인생 밑천은 있어야지

2022년 3월, 딸아이는 중학생이 되었다. 완전한 자주독립을 위한 2차 독립이다. 1차 독립은 영아기에 부모 도움 없이 혼자 걷기 시작할 때였다. 1차 독립 후 2차 독립을 위해 긴 시간을 준비했다. 2차 독립이 시작되면 부모의 동기부여 역할이 끝나기 때문이다. 부모의 영향권에서 벗어나 좌충우돌하더라도 인생의 운전대를 자기가 잡아야만 한다. 그동안 안전하고 건강한 2차 독립생활을 위해 밑천을 두둑이 마련해주려 노력했다. 유아기까지는 놀이가 공부의 전부였고, 초등기 6년간 독토글 공부가 전부였다. 놀이와 독토글은 엄마가 마련해줄 수 있는 최고의 인생 밑천이었다. 2차 독립부터는 완전한 자주독립 성인식까지 밑천을 기반 삼아 자기 인생의 자본을 키워갈 것이다.

우리 부모님 세대는 대개 밑천 없이 독립된 삶을 시작했다. 그분들의 노력 덕분에 경제는 발전을 이루었고 우리는 밑천을 가지고 독립된 삶을 시작할 수 있었다. 밑천이 모두에게 주어진 행운은 아니다. 나는 밑천 없이 시작했다. 밑천 없이 시작하는 삶에 힘겨움을 아니까 자녀에게 대물림하고 싶지는 않았다. 완전한 자주독립기 전이라도 인생의 주인은 아이이기에 엄마의 결정에 대해 어떻게 생각하는지 의논하듯 수시로 물어보았다. 학원 다니라고 강요하지 않은 것에 감사했다. 마음껏 놀아서 만족한다고 했다. 책을 실컷 읽을 수 있었던 것에 감사했다. 무엇이든지 강요하지 않고 자기 의견을 존중해 준 것에 감사했다. 무엇보다 독토글이 인생 밑천이 되어 스스로 자기 삶을 만족하고 행복을 느끼는 것에 감사했다.

중학생이 되면 여유롭게 독서하고 글쓰기를 할 시간이 없다. 학교에 머무는 시간은 등하교 시간을 포함하여 8, 9시간이다. 그날 배운 교과서 복습하기에도 벅차다. 거듭 말하지만, 독토글을 여유롭게 즐길 수 있는 시기는 초등학교 때다. 독토글로 공부를 비교적 즐겁게 할 수 있다.

딸아이가 스스로 목표를 이루기 위해 공부에 전념한다면 모를까, 학생이라는 이유와 지금의 공부 투자가 미래의 행복이라는 이유로 지식 주입식 공부를 강요하고 싶지 않다. 그렇다고 공부를 게을리하도록 방치해서는 안 된다고 생각한다. 독토글은 인생뿐만 아니라 대입시험을 위한 공부에도 든든한 밑천이 된다. 아이에게 인생 밑천 두둑이 챙겨주니 내 마음도 든든한 것이 부자가 된 듯하다.

나도, 딸아이도 초등기 6년의 시간에 만족한다. 다시 돌아가도 독토글이다. 다시 돌아가도 더 좋은 방법이나 기술을 기대하지 않는다. 서툴지만 좌충우돌하며 걸어온 만큼이 자기 인생이니까. 초등기

6년 동안 자기 삶의 주인장 노릇을 대견스럽게 해내고, 독토글로 자기 세상과 바깥세상을 자유롭게 탐험하며 건강히 행복하게 자라준 딸아이에게 고마운 마음을 전한다.

이제 대한민국 초등학생들이 공부라는 것을 즐거운 마음으로 했으면 좋겠다. 정말로 하루하루 행복하게 생활했으면 좋겠다. 이러한 마음을 간절히 담아 이 책을 비로소 세상에 내놓는다.